レジリエンス
―よみがえる力―

森・風景・地域・人の交差の中で

生存科学叢書

清水美香 編著
Mika Shimizu

The Institute of Seizon and Life Sciences

日本評論社

目次

総序

レジリエンスとはどういう考え方か

清水美香

1 はじめに

日本の地域には、目を見張るほどの多様性があり、人の目につきにくいような自然・人・社会の関係性の中に豊かな姿を見ることができます。自然との関わりの中で培われてきた風景や伝承された知（伝承知）があり、そこで育まれてきた人々の暮らしや、森と人との関係性、地域の絆、暮らしの智慧に至るまで、多様なつながりや関係性が交差し、そこに内在する人を含むあらゆる生き物が生き生きとする様子（これが本書でいうレジリエンスに関係します。詳細は後述）を地域に見いだすことができます。

一方、日本では、２０３０年までに65歳以上の人口が全人口の約32％を占め、２０５０年までには40％を越えると予想されるほどの高齢化が進み、東京‐横浜圏に３７５０万人もの人が住む世界でも突出した都市一極集中が見られています。それに対して、地方・地域の過疎化は進む一方です。また、地域の森は、豊かでありながら、人の手が行き届かず放置され、鹿をはじめ多くの獣害も年々顕著に見られるようになりました。さらに、放置された森の地盤が弱くなり、気候変動の影響で頻発しがちな豪雨の影響を受けて、地滑りや土砂災害なども多く発生しています。それがもたらす地域経済や暮らしへの影響も顕在化しています。

このように近年、様々に変化する自然・人間社会環境の中で、自然・人・社会の関係性、特に森－風景－地域－人のあいだにある関係性に様々な分断が見られます。こうした状況に対し、私たちはどのようにその関係性を見直し、分断を修復し、関係性を再構築することができるのか？　本書は、そうした問いへの手がかりを模索し、そのヒントを提示することに主眼を置いています。そのようなヒントは、森をはじめとする自然・風景・地域・人の関係性から生まれた考え方、実践、歴史、文化などの詳細と全体の両方をつなぎ、編み合わせることによって引き出されていきます。

本書は、地域の姿に焦点を当てながら、本来人間が培ってきた自然、特に森と人との関係性、そこから育まれてきた人の暮らし、風景、コミュニティの在りようについて考えていこうというものです。レジリエンス、またはよみがえる力にスポットライトを当てることによって、それぞれの事例や事象の紹介に留まるのではなく、それらを起点に、私たちが失ったもの、失いかけているもの、日頃見えていないもの、見えにくくなっているものを掘り起こし、自然、とりわけ森と人の関係性を見直すことで、暮らしの在り方、地域やコミュニティの在りよう、都市と地域の関係性に通じるようなメッセージを伝えられたらと思います。

本書の特徴

本書の特徴として大きく2つ挙げることができます。1つめは、本書の各章が、2020年春から生存科学研究所で実施されてきた自主研究「森とレジリエンス〜地域の再生〜」を通して行われてきた対話に基づきつつも、その描写には書き手それぞれの独自性や個性が活かされている点です。異なる専門性やフィールドをもつ研究者・実践者が互いに振動・共振し、時には葛藤しながら進めてきた対話と、書き手自身の専門性・実践が交差することによって、様々な切り口が可能になりました。

2つめは、本書が「関係性」をど真ん中に置いてレジリエンスを検討している点です。レジリエンスは、一般的に様々な解釈がなされ得ますが、意外にも、自然・人・社会の「関係性」の中で育まれるという視点を軸に語られることは、少なくとも日本語の文献では未だ少ないようです。関係性に着目するには、自身の専門や経験の領域だけに留まっていては難しくなります。世間一般的には、森の専門家、風景の専門家、地域の専門家、心理の専門家……、といったように分類されがちです。しかし本書の執筆陣は、そうした「専門家」のいずれかに分類される書き手であったとしても、度合いはそれぞれですが、各人の専門枠に縛られることなく、他の分野との境界にも目を向けています。たとえば私自身、公共政策や社会システムデザインを中心とする社会科学系が専門ですが、レジリエンス研究をはじめてからは、生態系や工学、さらに哲学や心理学や芸術学に至るまで、専門外の学問と自分の専門とのあいだを少しずつ行き来するようになりました。また学問内に留まるのではなく、学問と実践のあいだに大きく関心が向かうようになりました。

ですから、本書は専門分野や学問分野の領域を問わず、また高校生からシニアまで幅広い年代層に読んでいただけるものと思います。特に近年の私たちを取り巻く自然・社会環境の大きな変化や逆境の渦中で、その変化や逆境に向き合い、より良い明日に、未来への弧の一部になりたいと考えていらっしゃる方々に読んでいただきたいと願っています。流行り言葉に陥りがちなSustainable Development Goals（ＳＤＧｓ：国連の持続可能な開発目標２０１５－２０３０）の本質との関わりについても、読み進める中で見つけていただけるかもしれません。

2 レジリエンスとはどういう考え方か

つながりの質

先に述べた「関係性」にかかわる言葉のひとつとして、「つながり」があります。近年、大震災や気候変動の影響をはじめとして、多くの人にとって様々な災厄が身近になりつつある中で、「つながり」の大切さがよく語られるようになりました。でも、この「つながり」って、何でしょうか？　ただ周りの気の合う人たちと仲良く手をつないで、ということではなさそうです。特に環境変化や逆境を背景にすると、人と人のつながり、コミュニティとコミュニティのつながりといった、つながりにおいて「質」が求められる傾向があります。その「質」とは何でしょう？

こうした問いについて机上で考えるだけでなく、実際に自然生態系に意識を向けると、視界は広がっていきます。自然生態系の中にある小さな生き物たちに目を向けてみると、異なるもの同士が呼応し、多様で異質なもの同士が共存しあう姿から、いわば「つながりの質」に関わるヒントを見出すことができます。本書でいうレジリエンスの考え方は、この「つながりの質」への思考を深めてくれます。

レジリエンスの語源と学問との関係

もともと、レジリエンスという言葉の歴史は、人間社会の歴史とともにあったといっていいほどで、2000年以上遡り、ラテン語のresilireを語源とし、当初はrebound（跳ね返る）と解釈されたことにはじまります。それ以降時代の変遷を経て、「元に戻ること」、「より先に進むこと」など、様々な解釈が加えられ、さらに長い期間を経て、力学や心理学や人類学といったそれぞれの学問の枠の中に取り入れられてきました（清水 2015）。そうしたプロセスを経て、レジリエンスが分野横断的に理解されるようになった転換点が、今から50年ほど前のことです。生態学者でありながら、その自然生態系の在りようをいかに人間の思考方法に活かせるだろうかという点に着目した、レジリエンス思考の生みの親ともいうべき学者、C. S. Holling（1973）の説に、その転換点を見いだすことができます。Hollingは、「関係性」こそがレジリエンスを可能にする鍵であると説きました。

その上で、「安定性」（stability）という概念との比較を通し、レジリエンスの特徴をあぶりだしたことが、「レジリエンス思考」の原点につながりました。安定性は一時的な攪乱《かくらん》の後に均衡状態に戻ることの性質であるのに対し、レジリエンスは、様々な状況から起こる「変化」を吸収し、そこにある「関係性」を持続させる粘り強さであると表現しました。

この考え方のもとに、さらにHolling（1973）は、「レジリエンスは将来を予測する力ではなく、どんな予測不可能なことが起きても、その出来事を吸収し、それに適応するように仕組みを創る質的な力」という結論を引き出しました。それ以降、こうした考え方は、生態学に留まらず、学問分野を超えて、工学、災害、持続可能性科学、気候変動、医療を含む多様な学問分野におけるレジリエンス関連研究で取り入れられてきました。

このようにして、レジリエンス思考の基礎をひも解いていくと、「関係性」や「質」といったキーワードとの関係を理解していただけるでしょう。こうした学問的解説が、具体的にどのような現場や実践に関連し、適用され得るかについては、各章を読みながら読者一人一人に考えていただければと思います。まずは、レジリエンスに関わる全体的なお話をもう少しすすめたいと思います。

レジリエンスの訳語・定義？

本来、森・様々な生き物を含む自然も人間も、「レジリエンス」を持ってこの世に生まれます。まずシンプルな例を挙げましょう。植物が夏の日照りで水不足で萎えて枯れたとしても、再び水を浴びると、不思議にもいつのまにか逞しくよみがえる姿を、誰しも目にしたことがあるのではないでしょうか。そうした力は、私たち人間にも、生まれつき備わっています。しかし、その力は、いつも一定ではなく、時間の過程で他との様々な関係性によって変化するものといえます。

本書ではレジリエンスを、文脈や焦点に沿って、よみがえる力、逆境に遭ってもなお立ち上がろうとする力、再生する力、変化する力とも表現しています。さらにその「質」に焦点を当てるならば、コチコチの力づくではなく、しなやかさをもって進む力とも表現することができます。後戻りしてもいい、多様なものを吸収しながら、これまでと異なる道を見いだし、学びながら上昇していく力です。各章の書き手も、それぞれの具体的な文脈や状況に沿って、さらに他の言葉で表現しているかもしれません。このようにレジリエンスは、一言の訳語では置き換えられ得ない、ある意味珍しい言葉の一つです。古田（２０１８）は『言葉の魂の哲学』の中で、「他のどんな言葉に置き換えられるかを理解することは、とりもなおさず、当の言葉が他のどんな言葉にも置き換えられないことを理解することと」と述べていますが、これは、レジリエンスに正に当てはまります。つまり、レジリエンスは、状況や文脈に応じて様々な言葉で表現され得るからこそ、あらゆる状況や文脈を考慮した上では、一言では置き換えられ得ない言葉であるといえるでしょう。

よく、レジリエンスを「一言で訳してください」、「一言で定義してください」と言われます。レジリエンスを一言で定義できないのは学者の責任だという意見も聞いたことがあります。しかし、レジリエンスは、それぞれに置かれた文脈・状況を重視するからこそ、その文脈・状況への考慮をせずに一言で訳す・定義することだけに焦点を当てるのでは、描いた餅になりかねません。たとえば、気候変動を背景にレジリエンスの話をするのか、災害に遭遇した個人に焦点を当ててレジリエンスの話をするのか、企業の組織におけるレジリエンスの話をするのかによって、「一言」の訳語・定義そのものは変わってきます。だからこそ、レジリエンスについて話したり、考えたりするときは、その対象が置かれた文脈や状況、またはその背後にある背景をひと際大切にします。

一方、レジリエンスに内在する様々なエッセンス、たとえばここに挙げている「関係性」や「質」に関する考え方は、どのような状況、文脈であっても、ゆるやかに共通して適用可能であるといえます。その内在するエッセンスは、机上だけでなく、様々な人間の歴史上の教訓や経験や智慧から引き出され、築かれ、今も更新されています。たとえば、2011年の東日本大震災で引き出された教訓は、レジリエンスは単に「元に戻る」といったような状態表現ではなく、「どのように可能にするのか」という視点からレジリエンスを捉えていく必要があるといったことが明らかになり、レジリエンスの考え方の更新に大きく寄与しました（清水 2015）。そうした教訓があってこそ、今起きている、あるいはこれから起きるであろう逆境や大きな変化に対し、どのようにしなやかに適応しつつ様々な関係性を考慮しながら、どのようにつながりの質を高めながら生き抜いていくのか、つまりどのようにレジリエンスを可能にするのかについて、様々な示唆を与えてくれるのです。一言の訳語・定義に執着するのではなく、状況・文脈に沿ってゆるやかに定義をすることによって、レジリエンスに含まれる様々な意味合いが引き出されます。そのエッセンスがどのように状況・文脈に沿って適用できるのか、またはさらなる知識・智慧の交差を経て更新することができるのかを考えることに、レジリエンスを学ぶ意義があるといえます。

以上をふまえて、私自身は、様々な自然・人間社会の環境変化において、レジリエンスをどのように機能させるかという視点から、レジリエンスをゆるやかに、「状況変化を重視し、短・中・長期的な視点から社会に散在する点を線で結び、木を見て森も見ながら、予測しないことが起きても、逆境にあっても折れない環境を生み出すこと」（清水　２０１５）と定義します。この定義はある程度、本書全体にわたっても通じるものと考えます。

3　4つのエッセンス

レジリエンスに内在するエッセンスはいくつもありますが、その多くは、多様な学問と実践のあいだを往復しながら様々な文脈・状況をふまえてレジリエンス研究の中で引き出されたものです。ここでは本書全体に通じる主な４つのエッセンスを取り上げてみたいと思います。この４つはバラバラではなく、第１のエッセンスを中心に、第２～４はそれに派生した、特にレジリエンスを育むまたは創るために重要なエッセンスとして捉えることができます。

第１のエッセンスとして、レジリエンスの考え方は、人や事象やシステムの内と外の両方を見ることを促します。その内と外について、Holling の言葉の中に質的な「力」という語が出てきましたが、これに焦点を当ててみるとわかりやすく説明できます。

本書でいうよみがえる力、再生する力などに使われる「力」は、厳密にいえば「うつわ（器）」に近いと考えられます。英語でいう〝power〟ではなく〝capacity〟のほうです。そのうつわを育てるにはどうすればよいのでしょうか。たとえば人間が生きていく過程で、逆境にあってもなお、折れてしまわず前進する力、うつわを持ち続けられるかどうかは、人間の内と外の両方における環境によって左右されます。

まず人間の内なる環境についていえば、人の外の環境との接点を通して、たとえば物事や人との出会いを通して、自分自身を振り返り、見つめ、省みる時間を通して引き出される自分の心の持ちよう、考え方といったものが挙げられるでしょう。基本的に、レジリエンスは、外から植えつけられるものではありません。レジリエンスは外的環境の影響を大きく受けますが、もともとレジリエンスの種は、それぞれの人や生き物の中に宿っていて、それが花開くかどうかは、何か逆境に遭ったときに、その起きていることを受け入れるうつわを持ち、そしてその人自身が、再生しよう、変化しよう、落ち込んでもなお前進しようという意志を持ち続けることができるかによって左右されます。そのうつわのために、多くのお金を投じてもレジリエンスを植えつけることはできません。その人自身の心の持ちよう、いわば自律性を持っているかどうかにかかっています。

ただし、その自律性にしても、生まれ持ったものだけでなく、様々な外の環境に触れながら身についていくものでもあります。特に、自らが自然・人・コミュニティ・地域・社会の中で経験したり体験したりすることは、その自律性に大きく影響するといえるでしょう。そのような身体性を伴う経験は、思考力やその他のスキルを含めて、様々な観点からその人自身のうつわを育てていくことになります。

人間の外の環境についていえば、自然・人間社会の両方を含めた環境を指し、その両方が人のレジリエンスに影響を及ぼすことになります。たとえば、森は、人のレジリエンスを育てる環境を差し出してくれる存在であります。森の存在が人の心身を和らげるのと同時に、人間の在りようから、自然と人間の関係性にまで意識を向ける環境を差し出してくれます。一方、もし子どもたちを取り巻く大人たちが、子どもの周囲や子どもの中に起きている変化に気づかなければ、子どもが何か困難にあって立ち上がろうとしても、その立ち上がろうとする力を傷つけてしまうかもしれません。これはあらゆる状況の人に当てはまり得ることです。

ここまで述べてきたことを、スケールを変えて地域に当てはめてみると、その地域の人々が日常的にどのように信頼関係を築いてきたか、また事前にどれだけの準備をしてきたかが災害の結果を左右します。それと同時に、地域の外とどのように日頃からつながっていて、外の関係者や関係機関がその地域にどれだけ適切に迅速に対応できるかということも、その災害の結果に影響を及ぼします。つまり、災害準備において地域内、地域外の両方の視点から準備しておく必要があります。

第2のエッセンスは、前述の「つながりの質」に関連します。レジリエンスを育むまたは創るためには、様々な異なる分子が生き生きする環境、またはシステムをつくる（英語でいう living system に関連します）(Shimizu 2022) ことが重要になり、そのお手本は自然生態系の中で異なるもの同士が

「呼応」しあう姿に見ることができます。人間社会でその「呼応」に相当するものとして、双方のコミュニケーションや信頼関係が挙げられます。基本的なことに聞こえがちですが、実はなかなか日常的にできていない状況が散見されます。何かが起きたとき、そのコミュニケーションや信頼関係の不在が元凶になって、不幸な結末につながってしまうケースは、数えきれないほどあります。その端的な例のひとつが、２０１１年の福島原発事故でした（詳しくは、清水 ２０１５参照）。人と人の関係におけるコミュニケーションや信頼関係の不在が、らせん状になってより大きなスケールへと悪影響をつくりだし、いざというときに機能不全につながってしまうのです。レジリエンスは、その意味でも、小さなスケールから育まれるものといえるでしょう。これに関して、最近特に目につく事例として次のようなものがあります。

近年気候変動対策のために再生エネルギーが重視され、太陽光パネルや風力発電機の注目が高くなっているのはいうまでもありません。しかし、設備をつくればいいというものではなく、自然・人・地域社会との関係性を重視し、どこに、どのように建設するかが極めて重要になります。言い換えれば、どんなに大きな投資と最新の技術による発電システムであったとしても、その地に暮らす人々の暮らしや、そこに在る森をはじめとする自然への影響と引き換えにそのようなシステムを建設しても意味がありません。森を壊すことによって森の地盤が弱くなり、それによって豪雨などが発生した場合に地滑りなどが起きやすくなるなどの、その他の事象への間接的な影響なども、多様な関係者によって精査される必要があります。こうした精査は、単に一部の関係者による環境評価などの報告書によってのみなされるものではなく、様々な自然・人・地域の関係性を、その現地に住む人々との直接のコミュニケーションを介し、また学問・科学知のみならず、伝承知などもふまえながら、つまり、質的な関係性を重視しながら実施することが重要になります。

言い換えれば、関係性の質を斟酌しなければ、最終的には何かを犠牲にする利己的な見方によってレジリエンスをつくりあげているつもりになっているだけかもしれません。自分の足元を見ると同時に周囲を見ながら（木を見て森を見ながら）、あらゆる分子が生き生きすることを確保することが重要になります。

第3のエッセンスとして、これも第1および第2のエッセンスと重なりますが、レジリエンスを育むまたは創る上では、「あいだ」を見ることが重要になる点が挙げられます。そのような、たとえば人と人、領域と領域の「あいだ」、または「境界領域」を捉えることによってこそ、本書の底流を成す「関係性」について、複眼的に、俯瞰的に捉えることができるといってよいでしょう（詳細は第1章）。あいだ、境界というと、抽象的に聞こえるかもしれませんが、ここでは意図的にそういう表現をしています。なぜなら、あいだ、境界は、必ずしも論理や数字であらわせるものではなく、目に見えるものとは限りません。そのあいだや境界を捉えるにも、ガイドラインに沿ってこうすれば自動的に捉えられる、というものではなく、多様なコミュニケーションや、やりとりが交差する中で捉えられるものといえます。こうしたことは、自然か人間か、科学か文学か、というような二元論、二項対立ではなく、そのあいだを読み取ることが、自然と共生しながら人間が生存し続ける上で重要であるということにも関連します。

第4のエッセンスとして、レジリエンスを育むまたは創る上では、そのためのプロセスと環境が重要になるという点が挙げられます。前述のように、人も自然もコミュニティも地域も、レジリエンスの種を持っていますが、その種は一日で花開くものではありません。ひとりの人間でいえば、外的・内的環境の中で、自然・人・社会との交差の中で、様々な揺れを経験しながら、レジリエンスは育まれていきます。その環境の解像度をもっと上げれば、歴史、風土、風景、文化などとも交差しながら、その様々な要素と絡み合い、身体的経験を伴って育まれるといえるでしょう。そのようなプロセスには、人と人が共に汗をかき苦労を重ねて創り上げていく作業が必要になり、その作業を支える第2や第3のエッセンスをも可能にするような環境を創ることが、コミュニティや地域や社会のレジリエンスを育み、創り上げていくことになります（詳細は第1・2章へ）。

以上述べたエッセンスをはじめ、様々なレジリエンスを育むエッセンスを、各章でそれぞれの書き手が具体的に描く小作品からまずは丁寧に読み取っていただき、そこからここで記した問題意識に立ちかえって、身近な日常の足元や地域・コミュニティのこれからの在りようを見直すきっかけとしていただけたらと願います。

参考文献

古田徹也（2018）『言葉の魂の哲学』講談社

Holling, C. S.（1973）Resilience and Stability of Ecological Systems, Annual Review of Ecology and Systematics 4: pp. 1-23
Shimizu, M. Ed.（2022）A Resilience Approach to Acceleration for Sustainable Development Goals, Springer
清水美香（２０１５）『協働知創造のレジリエンス―隙間をデザイン』京都大学学術出版

第I部

森と人のシナジーから生まれるレジリエンス

第1章
森と人の相互性

清水美香

総序で紹介したレジリエンスのエッセンスを踏まえて、「森」と「人」の相互性、いわば森と人の関係性を起点としながら、森が様々な生態系と共にある「自然」と、その自然の中に生かされている「人」と、その人の営みが形成されている「社会」との「あいだ」にある「関係性」および「境界領域」に視点を移しながら、レジリエンスをさらにひも解いていきたいと思います。

1　森の営みが人の営みについて教えてくれること

私たちは森の中を歩いていると、森は様々なことを人にはたらきかけ、生きる上でのインスピレーションを与えてくれます。森の中にある、目に見えるもの、たとえばそこに生息する草木や生物からも、その自然と共にある空や川や海を含む風景からも。さらに目に見えないもの、たとえばそこにある空気感からも。そうした森や、森を取り囲む全体としての自然から、人は慰めやエネルギーを得たり、学んだり、想像力を養います。さらにそこから、自分を振り返って見つめ、人間の在りようについて意識を向けることもあるでしょう。総序でレジリエンスのエッセンスのひとつとして、人間は生きていく過程の中で、逆境にあってもなお、折れてしまわずなお前進する力、うつわを持ち続けられるかどうかは、人間の内と外の両方における環境によって左右されると述べましたが、森で過ごす時間は、その内と外の両方を相互に経験する場ともいえるかもしれません。こうした森と人との関係性を出発点として、ここでは特に、森の営みから人の営みについて教えられることが、レジリエンスにどのように関係しているかという視点から、考えてみたいと思います。

私は2020年夏、コロナ禍の中で、ある大学夏季特別プログラムを企画し、世界遺産・屋久島に2回行く機会に恵まれました。時々どこからともなく降ってくる雨音、遠くから美しく奏でる様々な鳥たちの歌声、風にそよぐ木々のささやき、そして、近くを流れる川の水音に耳を澄ませ、木々の匂いも感じながら、森の中に入っていきます。大きな岩を這い上がっていく先で出会うのは、いくつもの巨大な屋久杉。1000年以上、中には3000年以上の樹齢を持つ屋久杉に圧倒されます。そのように巨大で長い間生き続けている屋久杉は、さぞ栄養価の高い土壌で、恵まれた環境の中で生き続けてきたのかと思いがちですが、そうではなさそうです。屋久島の土はやせ細っていて、栄養分も少なく岩だらけ。それでも、いやそれだからこそ、年輪はゆっくりと成長し密になる、そのため屋久杉は長生きするというわけです。そこから私は、森のレジリエンスと、人のレジリエンスの共通点を想い起しました。

その共通点を端的にいいますと、レジリエンスは必ずしも、資源が豊富にあるから、または多額のお金を投じるから育つわけでもないし、保持されるものでもないという点です。屋久島の土壌が決して豊かな土壌ではないにもかかわらず、ゆっくりと成長して年輪を密にしていく姿は、そうした人間社会のレジリエンスの在りようをあらためて教えてくれます。言い換えると、レジリエンスは、ただ受け身で何かを与えられるのを待つだけでは、育たないといえるでしょう。このことを人に当てはめると次のように描写できます。

受け身ではなくその人自身が、自分の外の世界に能動的にはたらきかける、または外の世界に関わる意思をもってこそ、それぞれの人の中に宿るレジリエンスの種は育っていきます。具体的には、子どもの教育に当てはめると、子どもが欲しいと思うものをすべて買い与えていては、子どもの自律する力を弱めてしまうことになりかねない例を想い浮かべます。また、高齢者施設におられる高齢者の方が自分の住む地元のサッカーチームの選手と直接会い交流を深めて以来、そのサッカーチームの応援に自ら参加するようになり、表情も生き生きとして、よく笑い、自分のことができるようになったという例も思い出します。このように、年代にかかわらずそれぞれの人の中に宿るレジリエンスの種を育てる、または根っこを張ることはできるのです。さらに、2011年東日本大震災時に何か月も避難所生活を指揮したある避難所のリーダーに話を伺ったとき、避難した人自身が自発的にこれをしたい、というのを引き出してその役割を任せることが、避難所運営を円滑にする鍵だとおっしゃっていたことも思い起こします。

こうした私たちの周りにあるいくつかの例を思い浮かべても、「他者または他者が関わる何かに、自ら関わる」こと、つまり自律的であり且つ他律的であるという両方の側面を重視することは、レジリエンスを育てる、または可能にする上で基本的でありながら、とても大切な要素です。屋久島の森の中でも、太くしっかり根を下ろしたそれぞれの木々の根や枝が密接に絡み合っている姿を多く目のあたりにしました。

さらに3つの気づき

このように、レジリエンスの視点を心に据えながら森を歩いていると、森の営みの中で引き出されるレジリエンスには、人の営みの中のレジリエンスと多くの共通点があることに気づきます。ここでは、もう3つほど、様々な森の中で見いだされる、そして人にも通じるレジリエンスの特徴について私が気づいたことをお話しましょう。

１つめは、「曲線」です。森を歩いていると、自然は多様な「曲線」から成ることに気づきます。その曲線を受けとめながら歩いていると、私たちの生活は「直線」を求めがちではないだろうかと、日頃の人間の行いを省みることができます。私たちは、１つの問いに対して1つの方法、そして1つの解を求めがち。大人になればなるほど失敗を恐れ、遠回りすることを損と思う傾向にあるのではないでしょうか。「失敗してはいけない」、「こうでなければならない」という直線的考え方に縛られる傾向にあるように思われます。しかし、私たちは様々な経験から知っているように、計画していてもその計画が思ったようにうまくいかない、予想外のことが起きる、そうしたことは日常茶飯事に起きます。直線的な考えでは、計画がうまくいかなければ終わり、予想外のことが起きてしまえば、そこで当初の意思は折れてしまう、ということにもなりかねません。①思ったようにうまくいかなくとも、または予想外のことが起きても、問題となっている点から少し離れ周りを見渡してみて、②様々な代替的な方法を模索し、③その模索のプロセスからさらに学びながら、より良い方法を見いだしていく、そのような考え方やアプローチが、曲線的といえます。うまくいかないこと、予想外のことが起きることの最たる例が災害です。①〜③はこれまでに起きた様々な災害の教訓から引き出されてきました（清水 2015）。実はこれら①〜③はすべてレジリエンスを可能にするための重要な要素の一部です。

2つめは、攪乱《かくらん》または逆境についてです。最近日本の森では、熊による樹皮剥ぎや鹿による食害が相次ぐ傾向にあります。熊の皮剥ぎによって木の皮の下が傷ついてしまうと、腐ったり、成長できなくなったりしますが、皮の下まで傷つかなければ、その傷の上を新しい皮が覆って生育していくそうです。また鹿が土の中にある種子を食べ続けると、種子は枯渇していますが、そうした攪乱をすべて排除するのではなく、何日かの間隔で攪乱があったほうが、土から光が差し込み寝ていた種子が起き上がり、種の多様性が高くなるといわれています（清水 2019）。

このようなことを人にも当てはめると、逆境はないほうが良いように思いがちですが、逆境に遭うことによって、これまでに見えてこなかったことが見えてくる、逆境に向き合うプロセスの中で新しい多様な人や考え方に出会い、これまで考えもつかなかった発想ができるようになるという側面もあります。一方、その逆境が人の中に内在するレジリエンスを損ねてしまう、枯渇させてしまうレベルにまで達してしまうと、危機的状況が起きてしまう可能性があります。そうならないためにも、逆境に遭っている当人とその周囲にいる人々の関係性が大切になってきます。逆境に直面している人に対して、外から人がそっと手を差し伸べることが、その人のレジリエンスを可能にする道筋につながっていきます。例えば、いじめに遭った人がいて、周囲の人がそれに気づかず、いじめの事実が放置されたままになってしまうと、熊の皮剥ぎで木の皮の下が傷ついてしまったような状態と同じになり、いじめに遭っている人のレジリエンスの種を枯渇させてしまう、レジリエンスの根っこを損ねてしまう、ということにもなりかねません。個人のレジリエンスを考える上で、周囲との関係性が大きく影響します。人と人が向き合う関係性にあってこそ、人のレジリエンスは保たれ、育てられるのです。

3つめは、連続体についてです。森の中では、木と木の関係にはじまり、その周囲に生息している様々な植物やキノコや動物、そこに降る雨、近くを流れる川、その下流につながる海〜というように、連続体としてつながり合い、自然界を成していることに気づかされます。ここから、人がつながりで物事を捉える力、異なるものを連続体として捉える力の大切さを想い起こさせてくれます。人が目の前の「点」だけ見ることに必死で周囲が見えていないために、その点がその先どこにつながっているか想像できないとなると、こうしたつながりや連続体を捉えることは、難しくなります。

シンプルな例でいえば、今コンビニエンスストアで食べ物を買ったとして、その食べ物はどのような生産者からつくられ、どこから来ているのか、もしそのゴミ袋を路上に捨ててしまったとすれば、その袋はそこから、どこをつたってどこに流れ、どこに行ってしまうのかを想像できるだろうかといった例が挙げられます。そのようにつながりで物事を考えられるかどうかは、その人の自然への向き合い方、社会への向き合い方にも影響するかもしれません。こうした例は些細なことのように思えるかもしれませんが、日常的に一人一人がつながりでものを考えられるかどうか、目の前のことだけでなく、それまでのこと、さらにそこからのこととつなげて考えられるかどうか、その一人一人の、日々の積み重ねはコミュニティの在りよう、地域の在りよう、そして社会の在りようにも関わってきます。もしつながりが捉えられない、連続体で物事を捉えられない状況が日々続き、そうした状況の人が多くなればなるほど、その総体的結果として自然破壊が起きてしまうのではないでしょうか。

このように人が自然・人・社会のつながりやそのつながりの全体としての連続体であることを捉えることは、次節に見るように、あいだ、境界（boundary）をどのように見ることができるかにも関係しています。

2　森と人の相互性に内在するあいだ・境界領域——「木を見て森も見る」

そのつながりや連続体を捉えることに関連して、かつて屋久島には、「山（森）に10日、里に10日、海に10日という生き方があった」（古居　2021）ことを聞きました。人と自然と暮らしのつながり、山（森）と里と海のつながり。屋久島の多彩な風景は、その「つながり」をよく映し出し、人・自然・地域の関係性の中で、「境界」の在りようを考えさせてくれる場所でもあります。例えば「屋久島には、人が入っていけない奥岳に続いて前岳（里山）があって、そこに神様と人々が出会う場所があった」（古居 2021）そうです。その奥岳と前岳のあいだ、神様と人々が出会う場所には今でも、ちょこんとお地蔵さんが建てられています。そのお地蔵さんは、森と人との関係を超えて、目に見えるものと見えないものの「あいだ」の存在が地域の人々によって認識され、それは世代を超えて、時代を超えて地域で共有されてきた象徴と理解することができるのではないでしょうか。そのような「あいだ」は、言い換えると、森と人とのあいだにある「境界領域」ともいえます。

境界の考え方や定義はいろいろありますが、屋久島の例にみるような森と人の関係、特に目に見えるものと目に見えないもののあいだを考慮すると、そのあいだに浮かび上がる「境界領域」は、一線を画すことを意味するものではありません。一方、異なるものと向き合うには、自然や相手をよく観察し、その背景にあるもの、目に見えるものとしては表れていないもの、目の前にあるものの向こう側にあるものにも意識を向けて文脈・状況を、相手を尊重して相手とのコミュニケーションを通して観察する必要があります。全ては自分の目線と同じと思ったり、自分の状況を相手にも押し付けたりしてしまうことは、利己的な態度につながりかねません。その意味で相手は自分とは異なるものであることを、相手への尊重の念をもって理解することが必要です。異なるもの同士の相互関係から何か生まれ得る可能性も含めて、境界線を越えて生み出される「境界領域」という言葉を使っています。

そのような境界に意識を向けながら、人が森への畏敬の念をもって、あるいは人が異なる人と心を開いて向き合い、コミュニケーションが行われる、または呼応が引き出されていくと、相互に関係しあう領域、つまり「境界領域」が浮かび上がります。境界を単に、一線を画すこと、border line（ボーダーライン）、壁、区画というような見方で捉えてしまったら、そこには異なるものが交差したり、コミュニケーションや呼応が可能になる等の余白は含まれていません。しかし、屋久島の奥岳と前岳の例にみるような森と人のあいだにある境界線上には、そのように交差したりコミュニケーション・呼応したりする余白（境界領域）が含まれます。そのような「境界領域」は、図1のように示されます。

ここでは、異なる3つのものが出会うことを想定しています。AとB、BとCというように、双方が出会う場所に重なった部分があります。この2つの異なる領域が重なるところ、つまり「境界領域」には、相互コミュニケーションが図られ、呼応が生まれ、どちらからも一歩引いてみることのできる領域があるといえるでしょう。ここではお互いを、お互いの文脈や背景に沿って見つめる相互理解が行われる場、両者を相対化できるスペースが生まれます。ただその「境界領域」は、必ずしも目に見えるものではない、いや見えにくいもの、ほとんどは見えない領域といえるかもしれません。そうであるからこそ、人が集まれば、自動的にこのような重なりが生まれるわけではありません。森と人のあいだのように、人が森に畏敬の念をもって向き合うからこそ浮かび上がる「境界領域」と同様に、異なる人と人のあいだにおいても、心を開いて向き合う姿勢がなければ、そのあいだにこのような重なりの領域を見出すことはできないでしょう。こうした重なりの領域においてこそ、人と人の

「関係性」がつくられるのです。

そしてAとBとCが共通して重なるところが、協働が可能になる領域と位置づけることができます。「境界領域」を見極めるには、A、B、Cそれぞれの在りよう、A、B、Cを取り巻く状況の変化、AとBとCそれぞれの「あいだ」にあるものをよく観察することが重要になります。このAとBとCのあいだの協働は、「境界領域」を相互に行き来することによって可能になります。ボーダーラインや壁は、踏み越えたり乗り越えたりすることはあっても、相互に行き来することを想定したものではないでしょう。そこに関わる者同士が向き合い、「異なる文脈の要素を交渉して組み合わせ、ハイブリッドな状況を実現する」プロセスを通して、「境界領域」を横断することができます。さらに、「境界領域」を超えて相互に行き来することによっての相互作用が生まれ、そこに例えば異なる学問領域を横断することを意味する学際的研究への道が開かれるのです（Wenger 2000）。

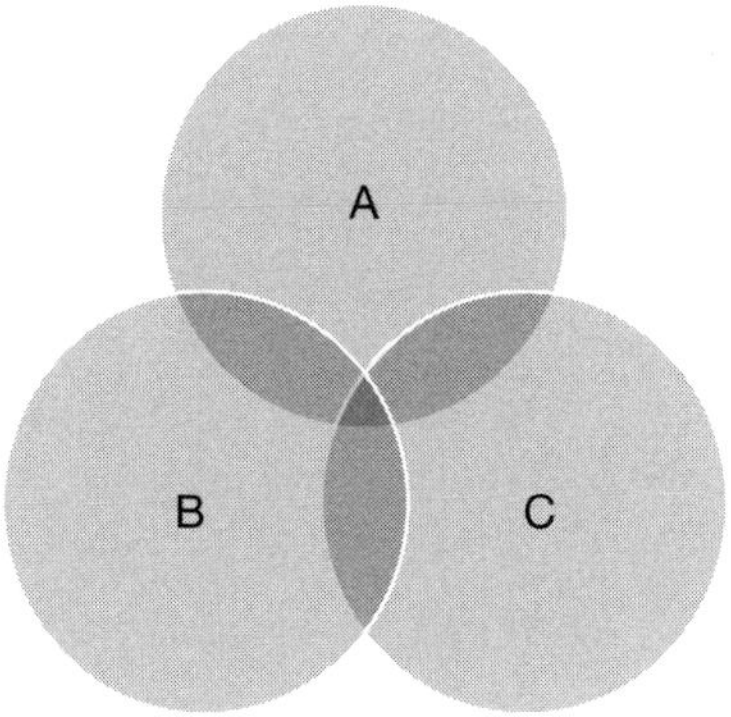

・円周の白い線＝境界線
・濃いグレー＝境界領域

図１　境界線と境界領域

私は、これまでに災害をはじめとする様々な逆境の場面でレジリエンスが可能になった様々なケーススタディを踏まえて、次のように表現してきました。

「どんな問題も1つのシステムを見ているだけでは問題は解決しない。システムの周囲にある境界領域が鍵を握る。その境界領域を見極めることが、森羅万象の中で「隙間」を見つけることにつながる」(Shimizu & Clark 2019)

このように、境界上には隠れたダイナミズムがあり、潜在的な可能性に溢れているといえます。自分と他者、人と自然、また組織やコミュニティのあいだの「境界領域」を行き来し、そこから見出す「隙間」にどのような架け橋を創るか、デザインを施すか、仕組みを再構築するかといったプロセスが、レジリエンスを生み出します。

その意味では、ここでいう「関係性」、「境界領域」、「隙間」は、ただ机にかじりついてパソコンと睨めっこしているだけでは体得できないでしょう。右脳と左脳の両方、そして五感も使って身体的経験も伴ってこそ、見えてくるものかもしれません。そうした思考と感性と経験をかけ合わせた相乗効果として、多様なあるいは複眼的な視点が育てられ、詳細と全体を連続的に見る(「木を見て森も見る」)ことが可能になります。図1に当てはめていうと、Aだけを見るのではなく、A、B、Cの「関係性」や「境界領域」を見ること、それを通して「隙間」を見ることにつながっていきます。

そのようにして「木を見て森も見る」ことができるようになれば、人は自然の中に内包されていることを自覚し、他者とその世界観を共有するそのことは他者とどのようなコミュニティ、社会を創るかという視点につながっていくのではないでしょうか。自分の根っこを確かめつつ、自ずから自然や他者との関わり合いの中で、自然・人間・社会を連続して捉えるうつわを育て、ひいては個人のレジリエンスを育んでいくことが、地域コミュニティ、社会、自然のレジリエンスを育んでいくことにつながっていきます（図2レジリエンス①〜③参照）。

こうしたことは個人レベルに留まらず、そうしたつながり・連続体を軸としながら多様な視点を持つ人々が集まり、様々な方面から引き出される知（身体知も含めて）が交差することで、そこに存在する様々な分子が相乗的に作用し、それがコミュニティ、地域のレジリエンスを育くむことにつながるといってよいでしょう。それには、それを取り囲む自然・社会・人間環境が大きく影響します（図2環境④〜⑥、第4節参照）。レジリエンスと環境の相互関係を通して、コモンズ（共有財産、図2コモンズ①〜③、第3節参照）としての地域・コミュニティ・社会・自然が守られ、自然と共生する人間社会が創られていくのです。

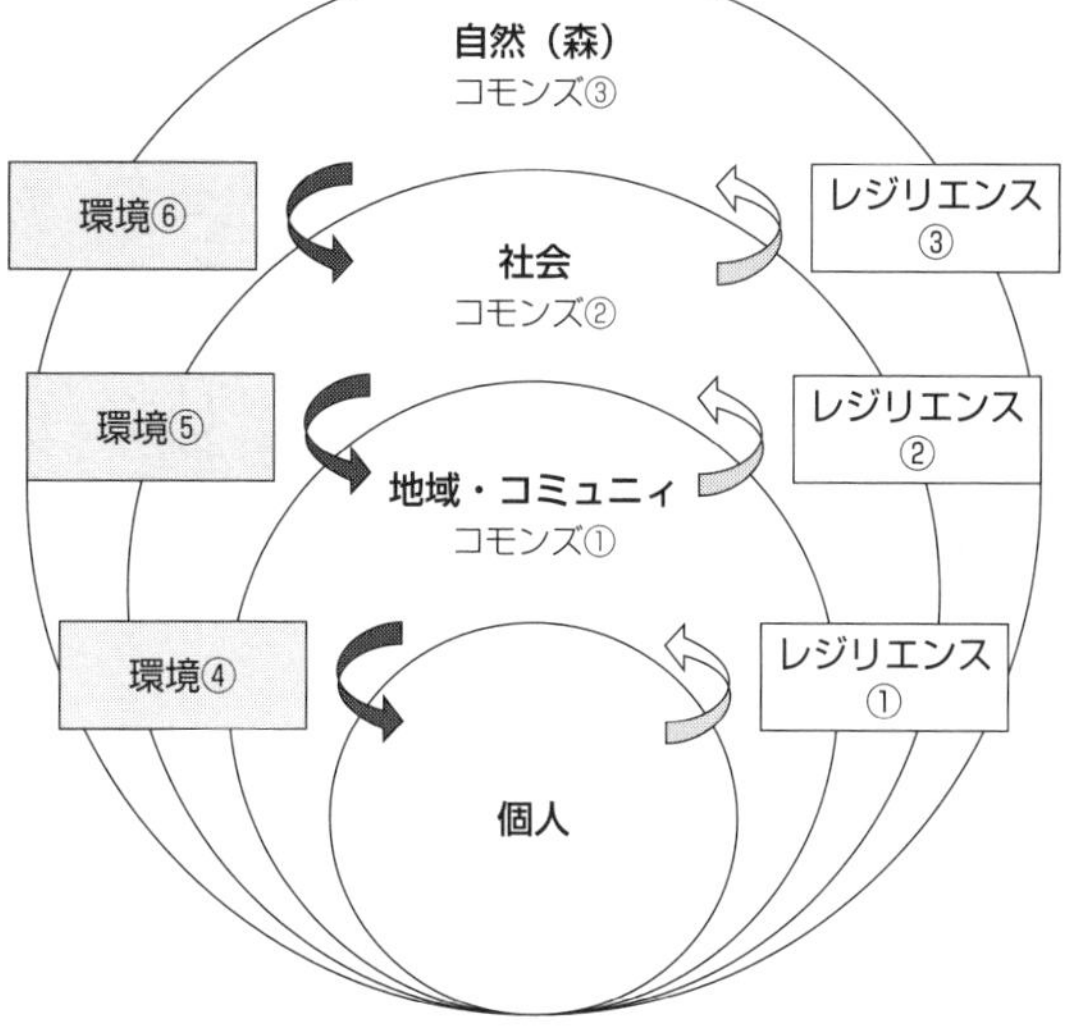

図2　自然・人間社会におけるレジリエンス、コモンズ、環境の関係性

出所：清水（2015，2022）より改訂

（なお、第2章は環境④⑤を、第3章は⑥に重きをおいて話を掘り下げていきます。）

3 コモンズとしての森――森・人・地域の関係性

森は、世代を超えて、時空間を超えて、人と人の協働で守り、育てる共通の財産という点で「コモンズ」の象徴でもあります。森は人を守ってくれる存在である一方、人が森を放置したり、人が介入しすぎたりすると、森のバランスが崩れ、土砂災害や獣害をもたらし、人の住む里に大きな影響をもたらすことがあります。例えば、「総序」でも触れたような大規模太陽光パネル・風力発電施設が森の斜面に数多く建設され、大雨や台風などの影響で土砂災害が相次いでいることが報告されています。西日本豪雨や台風などの巨大自然災害に見舞われた2018年だけでも、土砂崩れによるパネルの破損や風による飛散が計57件確認されている（毎日新聞 2021）ようですが、こうしたことは民家や人々の生活だけでなく、地域社会にも影響を及ぼします。何よりも、森を削り取って大規模な施設を建設することは、森の生態系や生物多様性にも悪影響を及ぼします。したがって、コモンズとしての森を守り、育てることは、森・人・地域のあいだを、どのように捉えるか、そこの調和をどのように可能にするかに深く関わります。

一方、歴史的にみると、「コモンズ」という言葉は、人間社会の資本主義的考えを背景としてかなり論争を呼んだ言葉でもあるということは理解しておく必要があります。その論争の元は *Science* 誌に掲載された、ガレット・ハーディン（Garrett Hardin）の論文（Hardin 1968）にあった「コモンズの悲劇」という言葉にあります。この論文は世界で多く引用されてきた論文でもあります。ハーディンは「万人に開かれた」牧場を設定し、コモンズの自由を信奉する社会で、各人が自分の最善の利益を追求し、破滅に向かって突進すると結論付けました。これに対し、２００９年にノーベル経済学賞を受賞した米国の女性経済学者、エリノア・オストロム（Elinor Ostrom）が反論したように（Ostrom 1990）、市民は社会的ジレンマを克服して、そのコモンズに関わる人々自らが資源を管理する制度を作り上げ、資源を保全してきたことが、複数の研究（たとえば、National Research Council 1986）によって実証されています。世界各地にある膨大な数のコモンズを丹念に調べ上げ、従来の政府による一元管理か、土地区画を分けて私有化かという二元論ではなく、コミュニティによる共有地の自治が可能であることが示されています。

その意味では、コモンズを「コモンズの悲劇」とせず、どのように世代を超えて守り、育てることができるかは、人間社会のレジリエンスの在りように関わってくるといえるのではないでしょうか。

4　コモンズを実現する場・環境から地域の再生へ

人間社会におけるレジリエンスは、多様な視点を持つ人々が集まり、様々な方面から引き出される知が交差し、そこに存在する様々な分子が相乗的に作用することが可能になるような環境または場の存在によって大きく左右されます。そのような環境・場が自然・人間社会（人・コミュニティ、地域・社会）のレジリエンスを育むといってよいでしょう。ひとたび森の中に足を踏み込めば、特に生態系そのものが、人間社会の「関係性」の在りように学びを提供してくれる「環境」になります。そうした森だけでなく、周囲にある様々な自然と触れながら、多様な人々の知が交差し合う場創りもひとつの方法でしょう。

もっと具体的にいえば、前述のような「木を見て森も見る」ことを育てるような環境、場が必要不可欠です。繰り返しになりますが、「木を見て森も見る」には、「多様性」は、ただ一人で机に向かっているだけでは体得できません。特に「木を見て森も見る」「多様性」または複眼的観点が必要です。自然界に多様性が失われると、生態系が壊れてしまうのと同じであるように、多様性の溢れる、あるいは複眼的観点が育てられる場・環境が失われれば、多様な知の交差、分子の相乗的作用が機能しなくなるでしょう。

その意味で、現場を自分の目で見て、自分の枠を超えて、他者とともにフィールドに立つこと、そして自分自身を他者や自然にさらし、その経験を他者と対話を通して「共有」し、そこから「気づき」が引き出され、その気づきが「木を見て森も見る」を自分事にするような環境・場が必要になるのです。多様な人々との「協働」は、私たちの間にある様々な「異なるもの」が壁になって難しいことがあります。しかし他者に耳を傾け、関係性や境界領域に意識を向けるうつわを擁していれば、何か変化の兆しが見えてきます。一か所に留まったり、近い仲間とだけと話したりしていては、考え方も見方も均質化してしまうことになりかねません。自分の「壁」を低くして、自分の周りの境界領域を見渡してこそ、問題解決の糸口が見つかり、持続可能な社会のための「調和」をつかむことができるのではないでしょうか。

そのような環境・場創りを通して、自然（森）・人・地域の関係性に意識を向け、その関係性に分断があるならば、その分断を修復していく必要があります。その過程で、森・人・地域のレジリエンス、さらにそのあいだにあるレジリエンスに着目し、レジリエンスを軸にその関係性を見直すことで、どのようにその分断を修復し、関係性を再構築するかについて手がかりを得ることができるでしょう。

参考文献

古居智子（２０２１）UNESCO SDGs Yakushima School　講演資料

毎日新聞（２０２１）再考エネルギー：太陽光発電が「公害」（その１）自然破壊・景観悪化　37府県でトラブル（２０２１年６月28日）https://mainichi.jp/articles/20210628/ddm/001/040/152000c（２０２２年４月25日アクセス）

Ostrom, E.（1990）*Governing the commons: the evolution of institutions for collective action*, Cambridge Univ. Press, New York

Shimizu, M. & Clark, A.（2019）*Nexus of resilience and public policy in a modern risk society*. Springer

清水美香（２０１５）『協働知創造のレジリエンス―隙間をデザイン』京都大学学術出版

清水美香（２０１９）『森とレジリエンス』京都大学内研究成果物冊子

Wenger, E.（2000）Communities of practice and social learning systems. *Organization, 7*: 225-246

第2章 多様性のある小さな森創りからレジリエンスを生む

清水美香

「木を見て森も見る」（第1章参照）視点を育てられるような、自然生態系に見られるように多様性に溢れるような場・環境はどのように創られるのでしょうか？　多様な知の交差、またそこにある全てのいきものが生き生きとするような、つまり分子の相乗的作用が可能になる場・環境は、どのように生み出されるのでしょう？　近年気候変動と並行して生物多様性の重要性が叫ばれて久しいですが、その多様性と、多様な社会とは、どのような関係にあるのでしょうか？　本章ではそうした問いについて、私が地域コミュニティや現場でお会いした方々から得た気づきを通して、お話ししたいと思います（第1章の図2の環境④⑤に重きをおきます）。個人としての「私」を出発点として自然と向き合うことが、様々な交わりを通して多様性に溢れる小さな森を創ることにつながり、自然と人の連動がコミュニティ[1]・地域のレジリエンス、持続可能性のほうへ向かいます。

1 小さな多様性から

みなさんよくご存じの国連の持続可能な開発目標（Sustainable Development Goals：ＳＤＧｓ）（２０１５－２０３０）の目標15「陸の豊かさを守ろう」の中に、「生物多様性」という言葉が何回も使われています。しかし「生物多様性」と聞いても自分自身の暮らしにどう関係しているのか、ピンとこない方も多いのではないでしょうか。多くの人にとって自分事になっていない、といえるかもしれません。そうした現状を映し出すこととして、野生生物の種の喪失への危機感から国連会議で１９９２年に生物多様性条約が採択されたにもかかわらず、２０２２年現在まで、条約締結から30年経た今も生物多様性は喪失され続けており、過去48年で全世界で生物多様性が69％減少したことが報告されています（WWF 2022）。こうした数字を理解する上で重要な点は、単に多種多様な生物の数が減っていることだけでなく、生物の間でバランスが保たれつながり合って形作られる、複雑で多様な生態系が崩れていっているという点です。生態系のバランスが崩れると、言い換えれば、生物多様性が喪失すると、生態系からの恩恵を受けている私たち人間は日常生活を営んでいくことがだんだん難しくなっていきます。

さらに、生物多様性の喪失の第1の原因は人間の土地利用であり、第2の原因は気候変動であることも、科学的研究で明らかにされています（IPBES 2019）。そのことを踏まえると、私たち一人一人の日常の自然への向き合い方が積もりに積もり、それぞれの営みの蓄積が組織や事業の営みに反映され累進的に蓄積された末に、このような結果となっているといわざるを得ません。もし今に向き合わず事実から目を逸らせては、そのまま問題は悪化への道を辿ることになります。これに関連し、2021年に開催された第26回気候変動枠組条約締約国会議（COP26）は、温室効果ガスの排出による気温の上昇を1・5度にどのように抑えるかという議論の中で、「生物多様性」を最重視した気候変動への取り組みが極めて重要になるとして、現状に強く警鐘をならしました。

では私たちは何をしたらいいのか？　生物多様性の状態が30年以上悪化の傾向を辿っている現状を振り返ると、私たちの足元から、自然への向き合い方を見直す必要がありそうです。そもそも自然の多様性が私たち一人一人の日々の営みにどうつながっているか、そこを知らないと、いくら問題解決方法を話し合っても根本的な解決方向に向かわないのではないだろうか？　そうした問いを持ちながら、私は地域とレジリエンスの関係性を研究するために様々な地域を訪れるたびに、そこで出会う人々を通して、そうした問いへの答えのヒントを地域の人々の暮らしの中に見いだすことがあります。

＊

福島県南会津町に住むYさんは、地元の木材で様々な建造物をつくる仕事をされていますが、30年以上にわたり、消防団で活躍してこられました。周囲は山々に囲まれているからこそ、山に関わる事故や災害はつきもの、夜中にも、夜明けにも出動する生活を繰り返してきました。今は消防団の仕事は引退していますが、自分の家の周りの大きな畑を使って、化学肥料を使わない有機野菜づくりに取り組み、アスパラガスを沢山育て、農協にも出荷しています。さらに、その畑の真ん中には小屋（といっても、何人か宿泊できるほどのスペース）を建て、そこに人々が集う「場」を創っています。

その小屋の中には、囲炉裏があり、魚などを焼きながら、集う人々が食事をしながら輪になって、団らんできる場所があります。また窓際には、畑や森の風景をみながら少し仕事をしたり、本を読めるようなスペースもあります。そうした小屋に、地域の人々と、県外から来た人々が集う場を創るのが、Yさんの当面の夢。最近はヤギを飼い始め、ヤギに草刈りを頼んでいるそうです。今後その小屋の近くで井戸を掘って、水をすぐ確保できるようにしようという計画もしています。

このように、一つの仕事だけに留まらず、いくつもの選択肢を持っていることに加え、Yさんが無意識に幾つものことに取り組んでいること、つまり〈地元の木材を使って建物を創ることは、森を維持することにつながり、消防団で活躍していたころからのネットワークを介して、地元の人々と多く知り合い、人々をつなぎ、自分の畑での有機野菜の栽培を通して、大地にダメージを与えにくい農作物を作り、そしてそうした食料をもって地域内外の人々を集める場を創ること〉は、見事に多様性に溢れ、人と自然のあいだの相互関係を紡ぎ出していると言っていいでしょう。単に色んなことに携わっていることではなく、一つ一つのことが生態系のようにつながって、一つのことをしていると、次のことにつながり、相乗作用を創り出しています。特にそうした暮らしの集大成ともいえるような小屋という場は、地域内外の人々のコミュニケーションを生む場として、地域が生き生きとなる原動力となる可能性を潜めている、いわば地域レジリエンスの種が花を咲かせる場ともいうことができます。

宮城県登米市に住むGさんは、10年ほど前まで東京でご自身のＩＴ技術を活かしてメディアでバリバリと働いていた方ですが、２０１１年東日本大震災後、故郷である登米市に戻ってこられました。Gさんの祖父母がもともと住んでおられた家に住み、Gさんが戻ってこられるまでは放置されていた雑木林を開墾して、耕された畑が広がっています。Gさんは、実家の納屋をオフィスに改造して今もＩＴ関係の仕事をフリーランスとして引き続きこなし、その隙間時間を使っては、外に出てお日様さんさんと当たる畑でプロフェッショナルともいえる畑をつくっておられます。化学肥料や害虫対策のための化学薬品も一切使わず、種から育てた、無農薬の有機野菜は見事です。農業をした経験はほとんどないにもかかわらず、その畑には、野菜、茄子から、じゃがいも、落花生、胡瓜、トマト、アスパラ、紫蘇、モロヘイヤ等々まで、実に多様な野菜に溢れています。傍からみると農業に従事されてこなかった方が一人で大変ではないかと想像しますが、本やネットから情報を集め良い方法を調べ、あるいは（野菜や土中微生物の立場になって）想像力を巡らしながら作られてきたようです。今ではある程度放置し、土の微生物に多様性が生まれ、自ずから生み出される自然の力で作物が育つのをイメージし、「できるだけ手をかけずにやっている」と笑顔でおっしゃっていました。お邪魔したときにいただいた、お手製の紫蘇のジュースは、染めたように赤紫が鮮やかで、一口飲むとその自然のエネルギーが身体に入ってくるように感じました。そんな畑の真ん中で生き生きと話してくれるGさんは一言で表現すると、とても楽しそう。都会からくる仕事をこなしながら、その合間に畑仕事をして、ランチ時間には、目の前で採れた野菜で名もなき、創造的ともいえる独自お手製カレー。東京での仕事は、沢山の充実感とともに、責任からくるストレスもあったけれど、今は自分のペースで本業も畑作業も両立されています。

このような、都会の仕事と田舎暮らしが両方手に入れられて、二者択一でない暮らし。単にのどかで静かな田舎暮らしを享受するだけでなく、そこには、自然と向き合っているからこそ、自然と共生する在り方を自ら模索し、畑でどのように野菜をつくるか、つまりどのように土地利用するかを工夫され、身体にも自然にも良い食べ物をつくり、社会で今起きていることに向き合っておられる、その姿を見ました。

＊

こうしたお二人のような姿から、人は無意識のうちに身近な自然から、生態系の中に見られるような多様性の在りようを学び、その在りようを人の営みの中にも取り入れ、育てようとするアプローチに向いていく、そしてそのアプローチが様々な営みの中で紡がれていく、そのようなことに気づきます。そのプロセスが、人の暮らしや営みを豊かにする原動力となっているといえるでしょう。生物多様性についていくら頭で学んでも、自分事にならないのは、その人の中に自然の営みが入りこむほどの経験をしていないといったことが背景にありそうです。グローバルな世界でいわれる生物多様性は、ここにあるような日常における人の暮らしを通してこそ、再生のほうへ向かっていくといえるのではないでしょうか。

2 多様性のある小さな森創りの実践——フォレストガーデン@浜松

日常の一人一人と自然をつなぐ多様性についてのイメージを踏まえて、そのような人と自然との関係性を育て、社会の中で多様性を体得していく場・環境をどのように創っていけばよいのでしょうか？ 私はそうした問いをもちながら地域を訪れる中で、静岡県浜松市で実践されている「Forest Garden Project（フォレストガーデンプロジェクト）」（プロジェクト代表：大村淳さん）に出会いました。このプロジェクトは、私の言葉でいいますと、多様性のある小さな森創りの実践を通して、自然も人も生き生きとなり、それによって、コミュニティも地域も活性化され、再生のほうに向かっていくモデル創りといえます。その実践プロセスそのものが、自然・人・コミュニティ・地域のあいだを行き来する様々な分子の相乗作用を活かした、自然・人・コミュニティ・地域の再生につながり、レジリエンス創りに向かう、そのような取り組みとも言えます。その詳細について、大村さんとの対話の中で学んだことや気づきを交えて、次にお話しましょう。

植物の特性を活かしたフォレストガーデン＝食べられる森の菜園

浜松駅からバスに乗ってその後はてくてくと坂道を登り切ったところに、大村さんが創られている「フォレストガーデン」があります。大村さんは、高齢などの事情で手入れが行き届かなくなったり、管理できなくなった農地の所有者3人から農地・山林を借りられ、それらの土地をひとつの実験地として「フォレストガーデン」を実践されています。その土地に出会う前は、草もほとんど生えていないばかりか、土はスコップを通さないほど硬く締まり、生き物が住むこともできないような状態だったそうです。2015年に大村さんはその土地に出会って、多くの人たちのサポートを得ながら、木を一本一本植え、その隙間に多種多様な植物を植えていきました。プロジェクト開始から7年経た今、畑は実に様々な実や果物など食べられるもので覆われています。私が訪れた6月、7月にはマルベリーやブルーベリーがバケツ一杯に採れるほどの実が色鮮やかに育っていました。この地に何かしらの形で人の暮らしに役に立つ植物が全部で120種類くらい生育しています。その種類の多さだけでなく、自然の生態遷移に沿って、様々な高さの植物を根っこに至るまで何層もの畑を重ねて仕組みをつくっていることが、フォレストガーデンの特徴のひとつといえます（Box1参照）。

そのフォレストガーデンの意味するところの奥にもう少し入っていきましょう。大村さんによると、フォレストガーデンとは『自然の中でいきものたちが豊かな状態である若い森をモデルに、暮らしの為に必要な食べものだけでなく、暮らしに利用できる様々な実りを「持続可能な方法で」より豊富に手に入れるための森のデザイン手法』を指します。フォレストガーデンの現場を拝見したり、お話を聞いたことを踏まえると、ここでいう持続可能な方法には次のことが含まれるといえるでしょう。

・その土地の地形と気候を活かす

Box 1　フォレストガーデンの仕組みの例（大村淳さんによる資料）

森の仕組みをモデルに小さなスペースに下記のような複数の層「畑」を重ねます。①高木：クリやクルミ、②中高木：リンゴやカキ、③灌木：ブルーベリーやローズマリー、④ハベイシャス：草本－キャベツ、レタス、⑤地覆：ミント、カボチャ、⑥根菜：ニンジン、大根、⑦つる：キウイ、ブドウ、⑧水性：レンコン、マコモ、⑨キノコ：シイタケ、なめこなど。

・植物のもっている特性を活かす
・植物を取り巻くいきもの（虫や鳥や菌類なども含む）や土の調和を重視する
・生態系に配慮した水供給システムなどのインフラを考える
・手をかけすぎずに手をかける
・自分が植えたいものだけを植えるのではなく、自然と相談する

フォレストガーデンには生態系を侵すものはありません。そこには水道も引かれておらず、素焼きのポットの滲出水《しんしゅつすい》を利用するラテンアメリカ由来の「オラ」という伝統的技法を使って、植物に水を共有します。トイレはコンポストトイレ、また雨水タンクをつくってそこから水を引いています。さらに石窯やカマドがあり、そこで火をおこして料理をすることもできます。

フォレストガーデンの現場で、植物とその周囲に住むいきものすべてにまなざしをおくり、それぞれと全体の調和を観察されている大村さんの姿が印象的です。

「人の暮らしと生態の復元の両立」がデザインの鍵

大村さんは、2015年からはじめたこのプロジェクトには、30年くらいのプ

ランがあると言います。このプロジェクトは個人からはじめて、グループによる多様性のある小さな森のモデル創りから、地域、コミュニティ、社会への波及を見据えています。最初の5年はその足がかりに費やし、次の10~20年は、多くの人にそのモデルを知ってもらい、そのノウハウを多くの人に伝えていく期間（その後の10年については後述）と位置づけて、2022年時点で7年目。その次の20年をめがけてノウハウを人に伝えていくための準備に多くのエネルギーを注がれている今、様々な実習コースをフォレストガーデン@浜松の現地で、またはオンラインで、時には両方を組み合わせて提供されています。そのコースには、個人の庭やベランダにフォレストガーデンの手法をどう取り入れていくかというクラスがあり、そこでは技術的なものだけでなく、「デザイン」も伝授されています。

ここでいう「デザイン」とは何ですかと聞くと、「人と生態系を結びつける直接的行為を通して、人の暮らしと生態の復元を両立すること」という応答が返ってきました。つまり、大村さんがフォレストガーデンをモデルとして伝授しているガーデニングは、単に個人の楽しみに留まらず、人の暮らしも自然・いきものも相互に生き生きとする姿を復元するための小さな場を創ることを、一人一人が体感するプロセスでもあるのです。

またそのプロセスを通して、自然界に起きていること（たとえば生物多様性の喪失）が自分事になる、また自分がその自然と「関わり合う」ことを通して自分の自然と向き合う上での自分の立ち位置（自分は自然と関わりの中で何ができるか、何をする必要があるか）が浮かび上がる場になっていく、といえるかもしれません。そうなると、単にガーデンという場は自分の所有物ということではなく、何らかの公共性または社会性にもつながる要素が伴ってくるプロセスともいえます。

自然・いきものと人間の対等な関係から生みだすコミュニティ・地域社会

そうしたデザインの話をしている中で、大村さんは「コミュニティ・地域社会を考えていく上で、人間以外の存在を含めたコミュニティ、そして自然・いきものと人との対等な関係が大切になる」と話しはじめました。コミュニティや地域社会の大切さが語られることの多い昨今ですが、そこに人間以外の存在を含めたコミュニティ、それとの対等な関係についてスポットライトが当たることはほとんどありません。持続可能な社会について語られるときは、人間社会の話か、人間社会側からみた自然界の話かに偏りがちです。しかしフォレストガーデンの中で生態系をずっと観察している大村さんから発せられた言葉は、コミュニティを成す自然・いきものを忘れて人間社会のことだけ考えていると、コミュニティ・地域全体を見ていないことになる、片手落ちになることを、私たちに気づかせてくれます。

ではその人間以外の存在を含めた自然・いきもののコミュニティを考えるということは具体的に何を示唆するのでしょうか。大村さんは一言でいえば、「人間が豊かになるだけでなく、『人も含めた生態系』も豊かになる」ことがひとつの指標だといいます。そして「人間だけのフレームワークだけで答えを探すのではなく、生態系側にも答えがある。だから人と自然の対話が必要」と説明します。

人間社会中心のフレームワークで自然や生物を軽視または犠牲にして突き進んできた結果、生物多様性、気候変動の問題も30年以上科学者から警告されていたにもかかわらず、今のような状態になっているともいえるでしょう。政策議論において問題だ、問題だといっても、自然から切り離されたところで問題解決方法が議論されてきたために、現実に沿った、「木を見て森も見る」本質的なアプローチに至っていないのです。近年国際的にようやく自然を取り込んで持続可能な社会を考えるフレームワークが注目を集めてきましたが（例えば、欧州発のNature-based Solution〔ＮＢＳ〕など）、最新のフレームワークですらも、そこにあるメッセージの中心は自然を考慮したビジネスをしましょうというもので、ビジネス以前の根幹にある本質的なアプローチには踏み込んでいません。本質的なアプローチを得るには、私が森からレジリエンスの本質を理解するように、自然との交わりの中で人間社会の暮らしを考え、自然との対話、様々な背景にある人々との対話を通して考えていくことが、遠まわりしているようで、生態系も人間社会も豊になる真の持続可能な社会を実現する近い方法であるといえるでしょう。

最近このフォレストガーデンモデルは、前述のような個人へのガーデンニング伝授の場のみならず、協働を実践する場にもなっています。様々な人が集い、共に汗を流しながら協働でフォレストガーデンの手入れをし、それぞれその場で気づいたことを共有するのです。参加者の中にはそこで心の中の悩みを打ち明けたり、そうした想いを聴き合う時間にもなっているようです。またフォレストガーデンは他の団体と協働し、フォレストガーデンモデルのエッセンスを、他の地域コミュニティに伝える活動も積極的に行っています。このように小さなスケールからはじまったフォレストガーデンは、文字通り生態系、そして人間社会両方が生き生きとする場になりつつあります。

多様性のある小さな森創りからコモンズへ

大村さんが述べていた30年計画の残りの10年間については、フォレストガーデンモデルの個人やコミュニティへの伝授といった活動を基礎に、小学校や中学校あるいは公園といった公共的な場所にフォレストガーデンモデルを導入し、そうした取り組みを様々な地域に波及させていくことや、20年期間の中で育まれた人々の活動をサポートしていくことが見据えられています。レジリエンス的視点からその計画を見てみると、次のように描くことができます。

- 学校という地域の結節点で活動することにより、子供たちやそれに伴う親や教師たちのみならず、周囲に住むお年寄りを含めて地域コミュニティの人たちをつなげ、世代を超えた様々な背景をもつ人々が、コミュニケーションを図りながら植物を育て、食料をつくることを通して(大村さんは、これを「食べられる森」と称します)、協働する場ができる。
- 参加者は、植物を楽しむだけに留まらず、生態系の在りようを知り、生態系と人間社会との関係性について体感する機会をもち、その関係性を紡ぐプロセスに関わることができる。
- 自然の生態系を侵さないで生活する方法、たとえば雨水・井戸の水を使う、カマドなど火を使って料理をするなど、机上では体得できない伝承知をその場で身につけることができる。

・台風に備えた栽培方法や、干ばつに備えた畑作り、水道に頼らない水供給システムなど、近年の気候変動によって影響を受けやすい状況を踏まえた、環境変化に適応した環境づくりを身につけることができる。

・地震や台風・豪雨、またそれに伴う地滑り災害など、自然災害が起きたときには、フォレストガーデンを自給自足できる避難所として用いることもできる。そこに集う人たちは、日頃のフォレストガーデンでの経験を活かして難なく避難生活を送ることができる。

・そして何よりも、地域の営みや暮らし、人と人のつながり、人と自然のつながりを大切にし、人の心に寄り添う場を創ることができる。

総じていえば、公共の場にフォレストガーデンを創ることによって、世代を超えて、時を超えて、人と人が協働する場、環境を創り、それがそこに集う全ての人にとっての共通の財産、つまりコモンズを創ることにつながっていくでしょう。このようにして、個人としての「私」を出発点として、生態系に配慮しながら自然との関係性に向き合うことによって多様性に溢れる小さな森を創ることに結びつき、そのプロセスがコミュニティ・地域のレジリエンスへ向かっていきます。多様性のある小さな森創りが人の暮らしと生態の両方を復元し、生態系も人もコミュニティも豊かになる――。その場の機能に注目すると、こうした森創りが生物多様性、災害、食料、森林、気候変動を横断するレジリエンスを可能にすることも不可能ではないといえるでしょう。

3　場の力——躍動するコミュニティからレジリエンスを生む

小さな多様性のある森創りの方法は、地域やコミュニティのそれぞれの文脈において様々あり得るでしょう。森創りでなくとも、海や川を中心とした方法もあるかもしれません。大切なことは、生態系も人もコミュニティも豊かになるような場を、それぞれの文脈からスタートし、その取り組みを「次」につなげ、さらにはコミュニティ同士が連動してくようなプロセス、環境を創っていくことが重要と考えられます。そのことが、それぞれの場面でレジリエンスを創り、「コモンズ」を守り、育てていくことにつながっていくでしょう。

地域コミュニティとは、その地域の人たちが中心になって形づくられるものですが、多様性のある小さな森創りをしていく、あるいはコモンズのためにコモンズをつくっていくコミュニティは、従来見られたような地縁共同体という意味でのコミュニティとは異なる側面を持ちます。昔ながらの地縁共同体には、村八分、同調圧力、隣組的、といったネガティブなイメージも伴いますが、そういう意味では、コミュニティの在りようも、やはり生態系に見られるように、どんどん進化している、いや進化していく必要があると考えられます。

私が様々な地域を訪問させていただく中で、コミュニティが生き生きしているところは、(1)様々な人や状況を受け止める「うつわ」を持ち、木を見て森も見ることができるミドルマン的なリーダー、言い換えると従来いわれるようなトップダウン的でなく、人々の「あいだ」に入って調整的役割を果たすリーダーがいること、(2)コミュニティの中だけでなく、外との関係性も大切にし、外からのアクセスに柔軟に対等に向き合う姿勢があること、(3)情報を隠さない開かれた場があるなどの共通点があるように思います。ここに挙げた点は、気づかれている人もいるかもしれませんが、生態系の在りようによく似ていますし、レジリエンスを可能にする要素でもあります。

このような地域コミュニティを育てていくためにも、自然と人を直接結び付けるような場が大切になります。そうした考えをもとに、2022年春、静岡2・0〈東日本大震災時に、災害などの危機が起こる前に地域のつながりをつくっておくことが大切だと気がついた当時の学生によって設立された地域団体〉が、浜松のフォレストガーデン(写真1参照)の場でフォーラムを開催し、静岡に住む人々が集い、様々な逆境の中にもしなやかに発展に向かうような暮らしの在り方について、対話をする機会を持ちました(写真2参照)。

こうした場創りを土台に、静岡2・0は静岡県内の様々な地域で、様々な年代、立場の方が集いそれぞれ互いのことを「聴きあう場」を毎月設け、それを継続されています。この「聴きあう」という言葉に、人と人のあいだの相互関係、対話を大切にされていることが伝わってきます。また2022年9月に静岡で起きた台風15号による豪雨災害時には、断水のために困っている人々に水を届ける活動を行ってきました。特にこの災害発生時は連休中であったこともあって、自治体からの災害支援情報などの発信はかなり遅れて発出されたようですが、その中でも静岡2・0はいち早くSNSで支援

写真１　フォレストガーデン＠浜松の一風景
撮影：清水（2022）

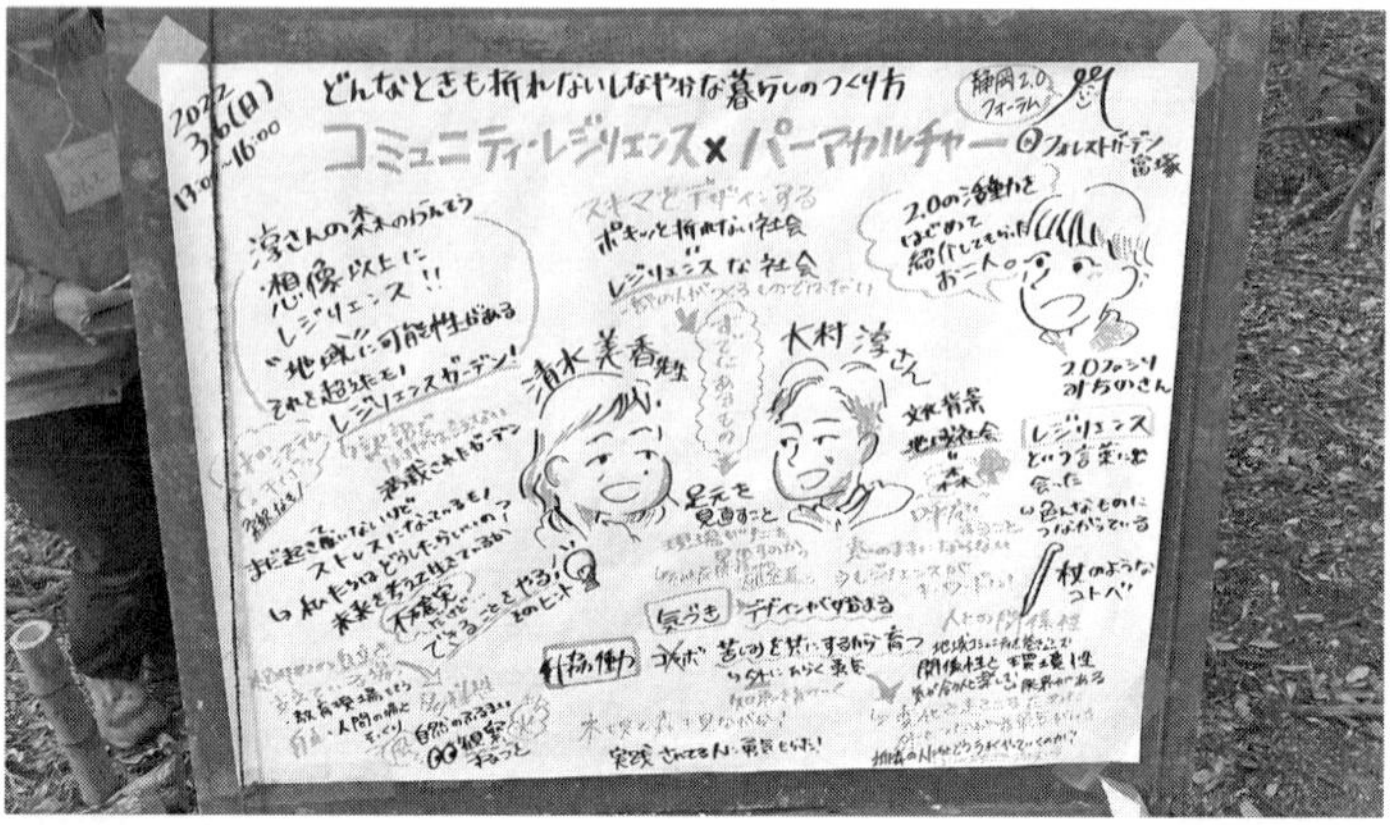

写真２　対話フォーラムの際に描かれたグラフィックレコーディング
出所：静岡 2.0 提供

情報を発信し、特にご高齢で給水所や買い物に行けない、自身や家族に持病や障がいがあって列に並べないなど様々な理由から給水所に物理的、心理的「遠さ」を感じる方々に、飲料水を届けることができたそうです。また避難所が開設されていないために公的支援に動けないという公的機関に代わって伴走してくれる関係者を探していた訪問看護師の方が、静岡2・0の活動を知って助けを求められ、助産院の方々に伴走して妊婦さんに必要な生活用水や飲料水を配達してきました。

このように静岡2・0は、人と人、組織と組織、または制度と制度の「あいだ」に入り、隙間をデザインし、地域コミュニティのレジリエンスを高める活動を広く、深く展開しはじめています。

＊

自然と人を直接結び付ける場創りの在りようも様々ですが、ここに挙げた自然と人と地域コミュニティの関係性、場創りのエッセンスが、あらゆる状況においてのレジリエンス創りの礎になるものであり、それがコミュニティの在りようを更新させ、レジリエンスを育んでいくものと確信します。

注

(1) 本章は、自分の住んでいる地域の共同体だけでなく、人々のつながりから多様に生まれている生態系のような小さなアメーバのような単位のことも考慮して、「コミュニティ」を用います。従来の地域共同体の在りようを見直し、更新していくことも念頭に入れています。

参考文献

IPBES（2019）The 2019 Global Assessment Report on Biodiversity and Ecosystem Services

WWF（2022）Living Planet Report 2022 https://wwflpr.awsassets.panda.org/downloads/lpr_2022_full_report.pdf（2022年10月5日アクセス）

第3章 レジリエンスが育まれる「環境」とは

——人間の立ち位置

吉岡崇仁

森に関わる人間のレジリエンスについて考えるとき、森に限らず広い意味での「環境」における人間の立ち位置は重要な観点であると考えられます。本章では、レジリエンスが育まれる場を環境と呼ばれる空間と捉え、その中で人間がどのような立ち位置を占めているのかについて考察します。そのためには、哲学的な考察が必要となりますが、ここでは、戦前の哲学者である三木清（1897-1945）の著作などを手がかりとして、自然科学の視点も交えながら、人間と環境の関係について考えてみたいと思います。(1)

1 人間と環境の相互作用

人間は、環境からさまざまな資源やサービス、いわゆる恩恵を受けて日々の生活を送っています。たとえば、私たちは、森の木を伐って材木やパルプなどの木質資源やキノコなどの食料を獲得してい

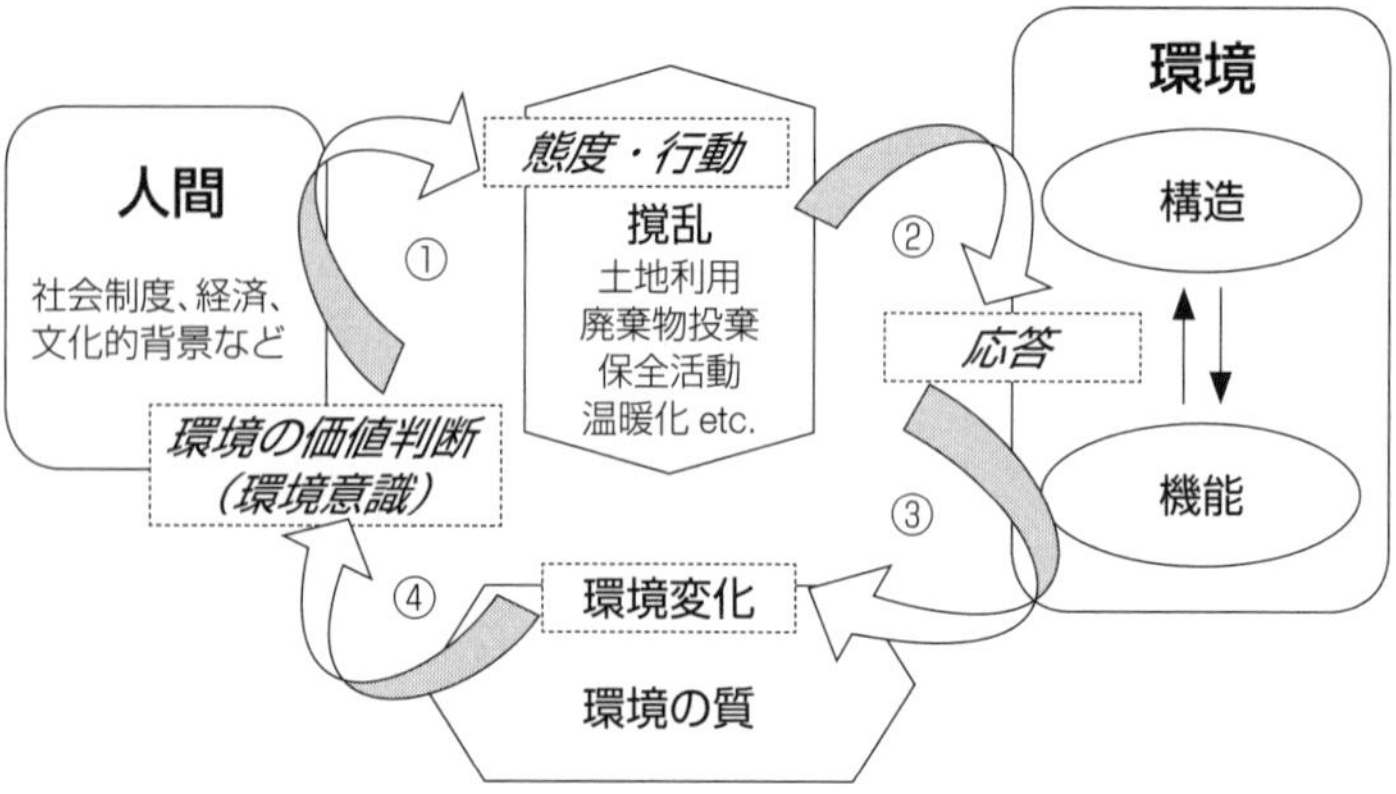

図１　人間と環境の相互作用の模式図
出所：吉岡（2009）の「人間－自然相互作用環」の模式図から一部改変

ます。伐採作業のための林道を作ることも必要です。また、洪水や土砂災害を防止するために砂防ダムを造ったり、コンクリートの擁壁を築いたりしています。一方、ハイキングや森林浴を楽しむ人たちも沢山います。このような人間活動によって、森の環境は影響を受けますが、その森林環境の変化を私たちは知ることで、環境保全や保護の観点から人間活動のあり方を考えたりもしています。人間は、環境と常にやり取り、言い換えれば、相互作用をしていると言うことができます。ここでは、環境における人間の立ち位置を考察するために、図１に示した人間と環境の相互作用を作業仮説のモデルとして設定したいと思います。

　吉岡（２００９）が示した「人間－自然相互作用環」の模式図では、社会は左側の「人間」に含めて考えており、右側は「自然環境」と設定していました。しかし、人間と環境の関係について、三木は『哲学入門』（１９６７ｂ、原典は１９４０刊）で、「環境といふと普通に先づ自然が考へられるが、自然のみでなく社会もまた我々の環境である。」（9頁）と述べています。たしかに、都市環境や里山など人間にとって環境と考えるべき要素が、吉岡（２００９）の図では、「自然環境」から排除されてしまいますので、図1では「人間－自然相互作用環」を「人間と環境の相互作用」として改変しました。都市・集落、道路・鉄道網、ダム・堤防などの人工構築物は「環境」に含めて考えていますが、社会的要素の中で、制度や文化、経済などについては、「人間」の中に含める方がわかりやすいと考えているため、図1でもそのように記述しています。また、その意味で、本章で環境と呼ぶ空間は、本書第1章の図2（29頁）で示された環境⑥を主な対象としていますが、環境④や⑤も一部含んでいることに注意していただければと思います。

図1を使って、人間と環境のやり取りを説明すると以下のようになります。

人間は、環境に対する価値判断を元に、その環境に対する態度や行動を決定します（①）。その態度行動や地球温暖化などの外的要因は、撹乱要因となって環境に影響を及ぼします（②）。撹乱に対する応答の結果として、その環境の質や生態系サービスというものが変化します（③）。環境の変化は、人間の環境意識に影響を及ぼし、その環境の価値判断に影響を及ぼします（④）。そして、①に戻って、新たに環境の価値判断をすることによって、態度や行動を決定しています（吉岡　２００９、２０１９、２０２１a）。

環境における人間の立ち位置を考える上では、④と①の間にある「環境の価値判断」、すなわち、人間が環境を意識・認識して、その価値を判断するというプロセスが重要な位置を占めるものと考えられます。環境の認識は人によって様々であり、その認識の多様性が、環境に対する施策を決定する上で障壁となることがしばしばあります。このことに関連して、吉岡（2021b、2022）は、桑子（1999）の風景に関する概念と結びつけながら、人が環境を認識する際には、環境を構成している様々な要素の中から、個人の選好に従っていくつかを選択しているから、同じ環境に対しても、人によって認識・評価が異なるのであると考察しています。さらに、吉岡（2022）では、人と環境の位置関係を環境意識の「うち」と「そと」という観点からも考察しています。

環境における人間の立ち位置を考察することは、哲学的な課題であり、広範囲に渡って哲学的知見を網羅することは叶いませんが、人と環境の位置関係について、より一般化した概念的構造について考察してみたいと思います。

2 環境の哲学

自然科学または環境科学において、「環境」とは、調査研究の対象として客観的に記述され、評価されるべき客体と考えられています。これに対して、「人間」は、「環境」に影響を及ぼしたり「環境」から恩恵を被る主体として位置づけられます。相互のやり取りは想定されていますが、両者は明確に区別できるものとして考えられています。図1においても、人間と環境を別個のものとして扱っていると言えます。しかし、図1が、①から始まって一廻りして④で人間に戻ってくることを考えると、人間と環境は全く異なる別個のものと言い切ることはできなくなります。実際、人々の意識や行動の起源を研究対象としている環境哲学、環境心理学、環境倫理学、環境社会学などの人文・社会学系の学問分野では、人間と環境との間のやり取りをより密度の高いものとして考察されています。

たとえば、桑子（1999）は、風景に関して、「身体の配置へと全感覚的に出現する履歴空間の相貌《そうぼう》（顔かたちのこと。ここでは在りようや全体像といった意味）」と定義し、「身体の配置と自己および空間の履歴」が風景を規定するとしました。また、風景における空間・事物・「わたし」の三者の関係は、風景を認識したとき一挙に立ち現れると言い、このときの「わたし」と空間の関係を「身体の配置」という言葉で表現しています（吉岡 2022）。空間とそこに含まれる事物、そして自己（「わたし」）にはそれぞれの履歴があり、その空間に「わたし」の身体を配置することによって、「風景」が生まれると考えることができます。

したがって、「わたし」という人間が、風景の構成要素として必須であることを踏まえると、自然科学が対象とする環境やいわゆる景観と、風景とは大きく異なっていると考えられます。また、空間・事物・「わたし」の三者の関係が風景によって成立するならば、風景という環境の危機（環境破壊）は、すなわち「わたし」の危機であるとも述べられています（桑子 1999）。自分ごととして環境危機を考えることの根拠、重要性が、身体の配置という行為によって根拠づけられているのではないかと思います。

一方で、三木清は、『人生論ノート』（2011）の「人間の条件について」（原典は1939刊）の中で、人間と環境の関係について哲学的な考察をしていますが、生態系や物質循環といった自然科学、環境科学の分野にも深く関わっていることがわかります。

「〔前略〕人間は形成されたものであるというのみではない、世界も形成されたものとして初めて人間的生命にとって現実的に環境の意味をもつことができるのである。生命はみずから形として外に形を作り、物に形を与えることによって自己に形を与える。かような形成は人間の条件が虚無であることによって可能である。」（三木 2011：67頁）

三木は、人間と環境とは、互いに「形成」というプロセスによって影響しあう関係、相互作用を前提とした関係であると考えています。なお、同様のことは、『哲学入門』（三木 1967b）の中でも述べられています。

「世界は要素に分解され、人間もこの要素的世界のうちへ分解され、そして要素と要素との間には関係が認められ、要素そのものも関係に分解されてしまうことができるであろう。この関係はいくつかの法則において定式化することができるであろう。しかしかような世界においては生命は成立することができない。〔後略〕」（三木 2011：67－68頁）

前半の考察は、自然科学的、還元論的な生態系の概念、あるいは科学的研究手法と極めて整合的です。しかし、最後の文章では、そのようにして定式化された世界では生命は成立しないと言います。一体、なぜなのでしょうか。

「〔前略〕形は単なる実体でなく、単なる関係乃至機能でもない。形はいわば両者の綜合である。関係概念と実体概念とが一つであり、実体概念と機能概念とが一つであるところに形が考えられる。」（三木　２０１１：68頁）

環境は、その中に存在する関係と機能を明らかにしようとする、いわゆる現在の生態学や環境科学といった学問だけでは、捉えることができないということを、これらの学問が進展するずっと以前から三木は明確に認識していたのではないでしょうか。

「形成は虚無からの形成、科学を超えた芸術的ともいうべき形成でなければならぬ。一種芸術的な世界観、しかも観照的でなくて形成的な世界観が支配的になるに至るまでは、現代には救済がないといえるかも知れない。」（三木　２０１１：70頁）

20世紀後半に顕著となった公害問題、さらにその後に認識されるようになってきた地球環境問題が、21世紀になっても未だに解決が非常に困難な課題であることの本質が、第二次世界大戦前の日本において考察されていたことに驚きを禁じ得ません。21世紀の現在においても、地球環境問題が解決しない、「救済がない」のは、人間と環境が形成によって影響しあうという認識が十分ではないことの証しなのかもしれません。レジリエンスを育んでいく上で、人間と環境の「形成」のあり方、相互作用についての考察が不可欠であるということを示唆しているのではないでしょうか。

さらに、人間と環境の相互作用に関して、三木は「ディルタイの解釈学」（1966、原典は1928刊）のなかで、以下のように述べています（旧漢字は新字に改めた。以降も同様）。

「生とは先づ自我と彼の環境との間の作用連関である。生にあつては私にとつて私の自我はその環境の中に与へられている、そこに於て私は私の存在の感情をもち、私の周囲の人間及び事物に関係し、それらに対して或る態度をとる。それらのものは私の上に圧迫を及ぼし若くは私に力と存在の喜びを注ぎ込む。それらのものは私に向つて要求をもちかけ、そしてそれらのものは私の存在のうちに位置を占める。」（三木 1966：179-180）

「作用連関」という言葉を用いて、人間と環境の間に、生き生きとしたやり取りが想定されています。現代的感覚においては、人間と環境とは、ややもすると対立的、自己と他者といった異なる存在であると考えられています。言い換えれば、人間は、環境を対象物として捉えているということでもあります。しかし、実際にはそのような関係ではなく、ともに影響しあい、形成し続けるものだとされています。この点については、図1で示した人間と環境の相互作用環で、その一部が表現できていると考えています。

3 中間者としての人間と環境

宮島（2019）によれば、環境という概念が日本で学術用語として用いられるようになったのは大正末期のことであり、その当時からこの用語を積極的に取り入れたのは三木清だそうです。その著作『歴史哲学』（三木 1967a、原典は1932年刊）において、フランス語の「ミリユウ(milieu)」の概念を使って、環境と人間を考察しています（宮島 2019）。また、『パスカルにおける人間の研究』（三木 1980、原典は1926刊）では、中間者（milieu）という言葉を使い、人間は、全体と無のあいだの中間者、環境も全体と無の中間者として考察しています（図2）。

「その存在において中間者であった人間はその存在性においてまた中間者である」という三木（1980：20頁）の考察について、宮島（2019：69－70頁）は、「『存在に於て中間者』とは『自然に於ける存在』としての『人間の身体』を指し、『存在性に於てまた中間者』とは『世界に於ける存在』つまり『魂』としての『人間の精神』を指す。」としています。人間を身体と精神に分別し、環境を自然と世界に分別した上でそれぞれに人間の身体と精神が存在するものと解しているのではないかと思われます。

図2　中間者としての人間と環境の模式図

この人間と環境がともに中間者であるとする哲学的概念は、人間と環境の相互作用に現われる偶然性と多様性を理解する上で重要な概念ですが、これらは第5節以降で考察することとして、ここでは、今一つ『歴史哲学』のなかで展開されている重要な三木の論考について、検討したいと思います。

三木は、『歴史哲学』（1967a）のなかで、歴史的社会的存在論を展開し、「存在としての歴史」、「ロゴスとしての歴史」、「事実としての歴史」について考察する中で、「環境」についても検討を加えています。

「存在としての歴史」
客観的に存在する歴史であり、人の主観的認識や記述に関係なく、独立に存在する出来事の生起・連鎖としての歴史（三木 1967a、赤松 1994）

「ロゴスとしての歴史」
「存在としての歴史」についての知識及び叙述（三木 1967a、赤松 1994）

「事実としての歴史」
歴史を作る行為そのもの（三木 1967a、赤松 1994）

「事実としての歴史」は、言葉の一般的な意味としては、「存在としての歴史」あるいは「客体的存在」とほぼ同義と考えられるかもしれません。しかし、三木の言う「事実」とは、行為する物、即ち、身体と同義であり、歴史を作る物とは、個人的な身体ではなく、社会的身体であり、この社会的身体を共有する人びとの歴史を作る行為を意味しています（赤松 1994）。これを踏まえると、「人間（わたし）」が「存在としての歴史」に関与することによって、「主体的事実」が形成（設定・同定）されると考えることが可能ではないでしょうか。この「主体的事実」をもとに歴史を作る行為が引き出されて、新たな歴史が作られ、「存在としての歴史」に積み重なります。それを記述したものが「ロゴスとしての歴史」に相当するのではないかと思います。「存在としての歴史」に含まれる知識を記述することで「ロゴスとしての歴史」が生まれると考えられますが、「事実としての歴史」（歴史を作る行為）によって形成された歴史に関する知識を記述したものであるということもできます。また、記述する人間には、「事実としての歴史」そのものをすべて記述することや「存在としての歴史」すべてを記述することは不可能であり、それらのごく一部、虚無に等しい（記述者あるいは歴史を作った社会的身体にとっての）「主体的事実」を記述しているに過ぎないのかもしれません。

このようにして、「事実としての歴史」によって形成された歴史は、「存在としての歴史」に付け加えられ、新たな「主体的事実」として記述されるとともに新たな「事実としての歴史（歴史を作る行為）」につながっていくのではないでしょうか。

歴史を作る社会身体的行為である「事実としての歴史」は、「存在としての歴史」を前提として行われますが、この行為にとって、歴史的につくられた現実はその状況をなしています（赤松 199

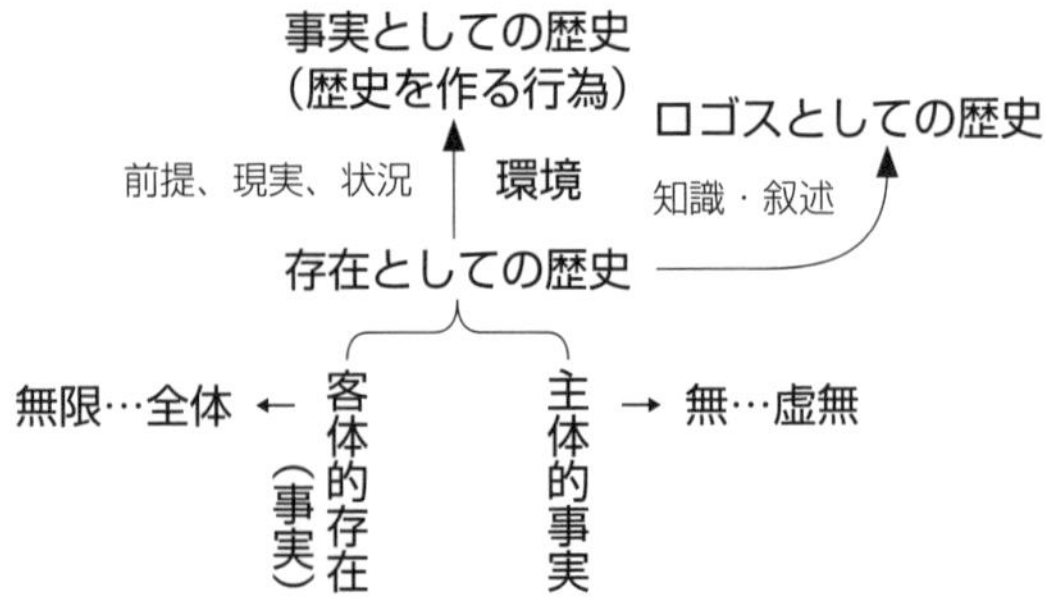

図3　三木の『歴史哲学』からみた環境の構造模式図

4）。三木（1967a）は、この状況をなしている歴史的現実のことを「環境」と呼んでいます。

以上のことを踏まえて、三木が『歴史哲学』のなかで考えた環境の構造を模式的に示したのが図3です。

三木が言う「環境」とは、一般的に使われている環境、あるいは、本章で扱っている環境と同義と考えてよいでしょうか。確かに、歴史を作る行為やロゴスとして叙述される歴史にとって、「存在としての歴史」は、歴史を作り、叙述するための素材であり、その意味で「環境」と呼ぶことができると思います。さらに敷衍するならば、いわゆる環境も図3で示された歴史と同じ構造を持っていると考えることができるようになります。つまり、環境は、客体的存在として「全体」である事実で構成されており、人間がその中から主体的な事実を選択して自らの環境＝風景を立ち上げると考えることができるのではないでしょうか。

4 環境意識の「うち」と「そと」

三木は、「生とは先づ自我と彼の環境との間の作用連関である」、また、「環境（Milieu）の概念は生の交渉によつて成立する、即ちそれは『交渉的存在』の概念である」と述べており（三木 1966：179‐180）、「人間の生（生活、生存）と環境（自然、社会）との関係性を『交渉』の概念によって把握した」（宮島 2019：75頁）のではないかと考えられています。生の交渉によって成立する環境の概念とは、どのようなものであり、環境の概念を構築するためには、環境は単に外的であるものということでは規定できず、外的とは何か、これに対する内的とは何かを明らかにする必要があるとされています（三木 1967a、宮島 2019）。

この点を人びとの環境意識の観点から考えるならば、外的存在とは、客体的存在として人間が永遠に了解し得ない事実を含む環境の総体、三木の言う「存在としての歴史」に相当し（図3）、人びとの環境意識の「そと」（＝「そと」なる環境）を規定するものと考えられるのではないでしょうか。これに対して、人びとはその一部を内的存在として了解することができ、それは主体的事実としてのいわゆる「うち」なる環境に相当すると考えられます。

NIMBYという言葉があります。英語の“Not In My Backyard”を略した言葉です。直訳すれば、「私の裏庭ではないところで」となります。裏返せば、「私の裏庭ではダメ」ということです。たとえば、ゴミ焼却場や汚水処理場、屠畜場などの施設は、現在の人間社会にとって必要不可欠な施設です。どこかに建設しなければ、社会生活が成り立ちません。しかし、

「どこか他所に建設してください、私の家のそばはダメです。」

これが、NIMBYということであり、いわゆる「迷惑施設」に対する住民の意識を表わしています。この意識は、まさしく自分の家とその施設との距離によって左右されていると考えることができます。家の近くは「うち」なる環境、離れた場所は「そと」なる環境であり、距離によって環境に対する意識が変化していることになります。しかし、この距離は、具体的に何メートル、何キロメートルとして特定されるものでしょうか。人によって、その距離が異なる可能性があるとすれば、「距離感」といった感覚的、定性的なものと考えるのがいいのかもしれません（コラム1参照）。

5　環境における偶然性について

ここまで考察してきたように、人間も環境も中間者として常に揺れ動く存在であり、人間が環境に身体を配置することによって風景が構成されるとするならば、揺動する人間と環境が相互作用するその瞬間の「組み合わせ」によって、構成される風景の意味、言い換えれば、環境意識や環境の価値判断がさまざまに異なるものと考えられます。人によって環境意識や価値判断がさまざまに異なってい

ることは、環境問題を解決する際にしばしば障壁になりますが、この多様性の起源について、「組み合わせ」の偶然性の観点から考えてみたいと思います。

三木（1967a）は、環境の概念に偶然性の概念が含まれていると考察していますが、このことを自然科学の観点から考えてみたいと思います。自然科学といっても、専門分野によって異なりますが、環境を問題にしているので、環境を扱う自然科学として、フィールド科学の観点から、**環境の偶然性**について考えることにします。

（1）「凡てのものが他と悉く絶対的に必然的な関係に於てつながり合つているところでは、もともと環境と云はるべきものはあり得ない。〔中略〕必然性の網の中には環境として示さるべき如何なる場所もないのである。」（三木 1967a：78頁）

すべてが他とことごとく絶対的・必然的につながっていたとしたら、自然現象はすべて予測可能であるばかりか、解は一つに定まってしまいます。法則が明らかとなってしまったら、それ以降は、研究の対象にならないばかりか、変化のない退屈な世界になってしまうのではないでしょうか。すべてがキッチリとつながってしまった世界は、自分と他者（環境）とを区別することができないという意味で、環境と呼ばれるものはあり得ないということなのかもしれません。

（2）「尤もここにいふ偶然性は決して必然性と相容れないものであってはならぬ。環境と考へられるものはそれ自身に於て現実的なものであり、その存在に於て現実存在である。従ってそれは、

上に云つた如く、その存在の根拠から抽象されて単にその存在に於て見られる限り、言ふまでもなく他の一切のものとの必然性の連鎖のうちに立つてゐる。」（三木　1967a：78頁）

環境の状態は、現に存在している現実的なものですから、それが生起したメカニズムについては、人間が明らかにできるかどうかにかかわらず、必然的な連鎖機構があったことが容易に想定できます。物質循環の研究で使われる言葉として、素過程というものがあります。簡単にいえば、一つ一つの物理過程や化学反応のことですが、物質循環の研究では、素過程がいくつも連鎖して、物質が循環していると考えられています。個々の素過程は、条件が定まれば、その反応がどのように進むかを記述（予測）することができます。「必然性の連鎖のうちに立っている」とはこの意味なのでしょう。

しかし、（1）の解説で、「法則が明らかとなってしまったら」と言いましたが、すべての法則が明らかになることは恐らくないでしょう。また、すべての条件を把握することも不可能ですので、環境における物質循環の進行を完全、正確に予測することはできません。

（3）「然しながらかかるものとしてはそれはもはや環境としての意味を失ひ、凡そ歴史的なものの領域のうちに這入つて来ることがないであらう。」（三木　1967a：78頁）

（1）の繰り返しですが、必然である素過程が連鎖しているだけでは、結果は一つ（ユニーク）に定まるだけですから、自他（うちとそと、あるいは、因果）の区別がつけられなくなるという意味と考えられます。

（4）「このやうに必然的なものがその存在の根拠との関係に於て偶然的として受取られたとき初め

て、それは環境の意味を担ふことが出来る。」（三木　1967a：78頁）

一番肝要なのが、この文章だと思います。現に存在しているという意味で必然の結果であり、かつ、必然的な素過程の積み重ねの結果である存在のはずなのに、過去の状態から現在の結果を「順問題」として確実には予測（再現）できないとき、偶然そうなったのだとしか考えられなくなります。そういう系は、環境としての意味をもっているというのです。

フィールド科学は、現在観測された結果から、過去に何が起こったかを仮説検証型で明らかにするという「逆問題」を解く形、帰納的な手法を使います。環境科学の多くは、このフィールド科学の手法を使って研究が進められます。フィールド科学の研究で問題となるのは、環境条件を正確に把握し、再現することができないということです。そのために、一つ一つは必然的な素過程であっても、結果に揺らぎが生じてしまいます。それが、次の素過程に影響したり、時間が経つにつれて揺らぎが積み重なって大きな違いになってしまったりします。実験条件を精密に設定できる室内実験であれば、素過程が積み重なっても、同じ結果が常に得られる可能性がありますが、気温、湿度、日射量、水質、土壌条件、生物量などがわずかでも異なれば、結果がバラバラになってしまう。偶然そうなったとしか言えないのですが、逆問題として考えれば、結果から原因をたどって説明をすることが不可能ではありません。つまり、必然が積み重なっているのだけれど、偶然そうなったとしか言えないということではないでしょうか。このとき、自分とは異なる他者としての「環境」を想定することが可能（必要）となる、こういうことを言っているのだと思います。

6 人間の立ち位置について

三木の『歴史哲学』（１９６７ａ）をもとに、環境について考察してきましたが、レジリエンスが育まれる場である「環境」における人間の立ち位置について、桑子（１９９９）の風景論によって表現し直すならば、「わたし」が空間に身体を配置することにより、空間の履歴の中から主体的事実を選択して、「空間」「事物」「わたし」の三者の関係が風景のもとに一挙に立ち上がる、それを記述したとすれば、「わたし」の風景の物語りと言えるのかもしれません。つまり、「わたし」が空間に身体を配置することにより、客体的存在（＝空間＝環境）の中から、主体的事実が抽出され、風景として認識されるということではないでしょうか。

図4は、後述する「第三項理論」を交えた環境の構造を模式的に示していますが、三木が定義した環境を「環境Ⅰ」、「わたし」が身体を配置するまえの空間（いわば、「存在としての環境」）を「環境Ⅱ」と表記しました。「環境Ⅱ」は、「存在としての歴史」と同じ位置と考えることもできます。

宮島（２０１９：77－78頁）によれば、「周囲を意味する環境は、主体的事実（歴史）を中央として成り立つのである。」とされていますが、図４の構造から考えれば、「環境」とは、客体的存在と主体的事実のあいだを「わたし」の身体の配置によって漂う「中間者（milieu）」としてあり、人間は、その周囲に存在する環境の全体と無（虚無）のあいだを「わたし」の身体の配置によって漂う「中間者（milieu）」としてあるということができるのではないでしょうか。

　この図に示したように、三木の環境と桑子の風景は、中間者の哲学によって結びつけることができますが、「わたし」が身体を配置して形成された風景の物語りは、「ロゴスとしての歴史」と相似したものと言えます。この文脈において、「身体の配置」は、具体的な「わたし」の存在に不可欠であり、人間存在の本質、根拠となり、また、「環境」の存在にも不可欠と言えます。また、環境に偶然性の概念が含まれている（三木 1967a）ということも、「わたし」が「身体を配置」するという偶然性に根拠を求めることができるのではないでしょうか。また、三木の「生とは先づ自我と彼の環境との作用連関である」（三木 1966：179）、「環境（Milieu）の概念は生の交渉によって成立する」（三木 1966：180）という考察についても、「身体の配置」の観点で説明できるだろうと思います。

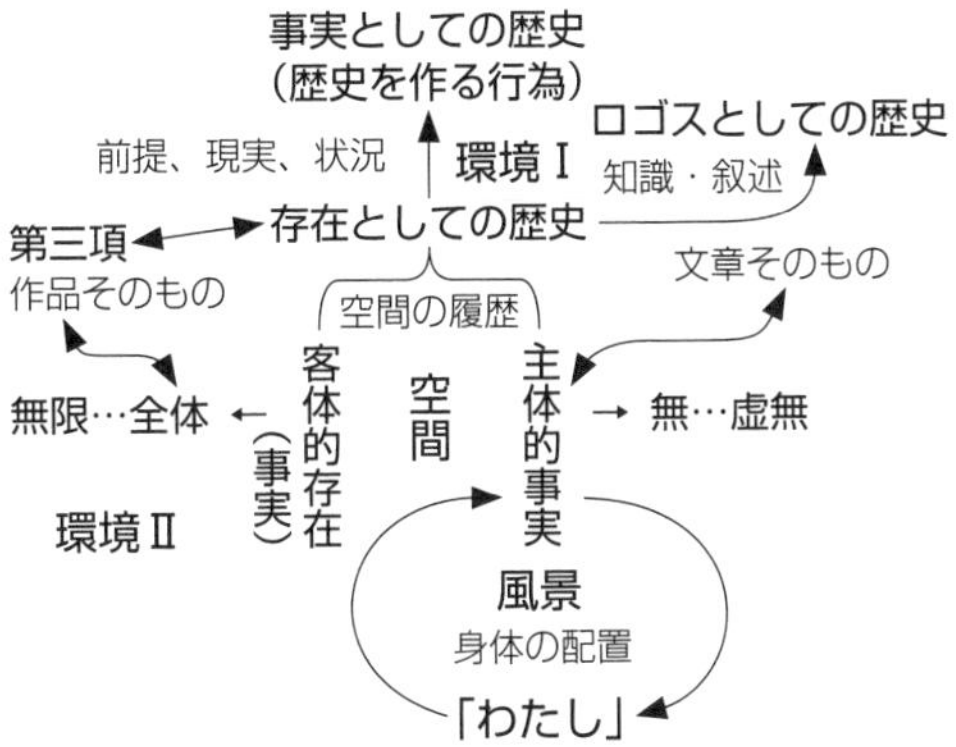

図4　三木の「環境」と桑子の「風景」の関係に第三項理論を加えた模式図

　ここでは、客体的存在を全体と仮定しましたが、全体を客観的に把握することは可能なのでしょうか。この点について、いま少し検討したいと思います。

文学研究、国語教育の分野では、「第三項理論」という客体認識の論がありますが、その理論が前提とする世界観認識は、以下の通りです。

「我々に知覚できる客体の対象の世界はそのすべての領域が、主体のフィルターによって捉えられた客体の対象ではありますが、客体の対象そのものではありません。アポリアはここに隠れています。客体の対象そのものは永遠に捉えられない、未来永劫、了解不能の《他者》であり、わたくしはこの領域を〈第三項〉と呼んで近代文学研究状況と向きあってきました。」(田中　2016)。

この理論について、佐藤(2020)は、「作品と読み手との関係性に〝作品それ自体〟という完全には捉えきれない対象を措定することにより、ストーリーではなく、世界構造や物語の仕掛けから作品を読み解くことを狙いとした主張である。」と述べています。この第三項理論の概念枠(図5)を人間と環境の関係についても援用して考えることができます。すなわち、文学作品に関わる第三項「作品そのもの」の特徴、あるいは、

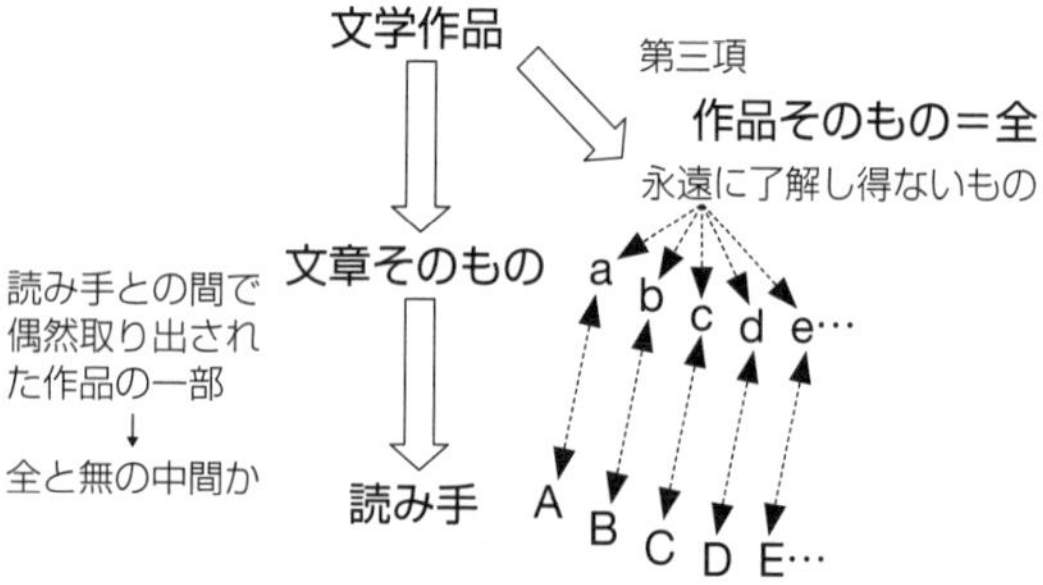

図5　文学作品における第三項理論の模式図

主体のフィルターを通して捉えられた「文章そのもの」と、永遠に捉えられない対象そのものという意味の「作品そのもの」の関係が、偶然の組み合わせで成立していると考えるならば、桑子の言う「空間の履歴」と「身体の配置」、三木の言う「中間者」の概念と整合的であると考えられます（図6）。

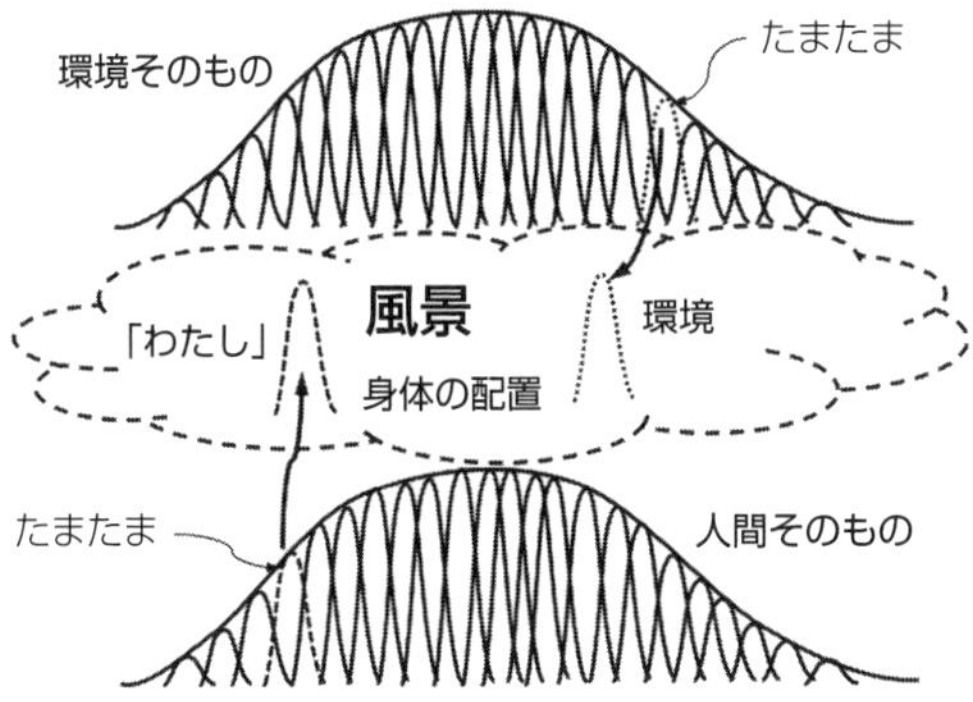

図6　環境と人間の偶然の組み合わせによる風景の形成模式図

図6の上と下にある帽子状のものは、環境と人間のそのもの（＝全体）を表しています。環境そのものの中からたまたま一つの環境が選択され、また、人間そのものの中からたまたま一人の人間が選択されます。より厳密に言えば、さらに、その一つの環境がたまたまある状態のときに、たまたまあるときの状態の一人の人間が身体を配置して、風景ができあがります。環境が変われば、人が変われば、そして同じ環境と人であっても、時が変われば、できあがった風景は異なりえます。このように、風景自体にも偶然性が内包されていることになります。

一方、三木（1980：22頁）は、「中間者としての人間が『正しき中間』（le juste milieu, 82）を、すなわち安定ある均衡を得ることは、彼にとって所与でなくかえって課題である。」と考察していますが、これを受けて、宮島（２０１９：71頁）は、「つまり、中間者として浮動する人間にとって『正しき中間』を得て安住することが課題となる。」と述べています。

「le juste milieu」は、「中庸」とも訳されますが、ほどほどを心掛けていれば、自ずから定まり、獲得できるというようなものではなく、浮動している人間にとっては、どこを目指しているのかも定かではなく、求めても得がたいものなのかもしれません。また、「正しき中間」と言っても、何が正しいのか、どこが中間なのかさえもよくわかりません。それほどに、人間の存在は、不安定で揺れ動くものということなのでしょう。だからこそ、この「正しき中間」を得るという課題は、レジリエンスを希求し、育む主体である人間にとっては、所与（与えられたもの）ではなく、まさに求め続けるべき課題に相当するのではないでしょうか。人間が、森（自然、環境）にレジリエンスを求めるのは、自らが中間者として動揺する存在であることの必然かもしれません。また、そうであるならば、「正しき中間」とは、安定解（吉岡　２０２１ｂ）を意味するものなのかもしれません。ただし、安定解が存在することをもって、レジリエンスがあるとは言えないこと、また同様に、「正しき中間」が存在することだけをもってしても、レジリエンスにとっては十分ではないことに注意する必要があると思います。すなわち、人間あるいは社会が、複数の安定解：「正しき中間」を保有し、それらの間を行き来できる能力と選択できる自由（技術開発や合意形成、さらにはそれらを実現できる体制や仕組みなどを含む）を保有していることが、レジリエンスにとって重要なのではないかと考えられます。

7　レジリエンスが育まれる環境とは

ここまで、レジリエンスが育まれる環境における人間の立ち位置について考察してきましたが、立ち位置は個人個人で様々に異なっている可能性が示唆されました。すなわち、「環境そのもの」としての空間は、人間には永遠に了解不可能な存在であり、人間が了解できるのは、言うならばその人にとっての「風景そのもの」としての空間でしかなく、風景は身体の配置によって具体的に把握できるものだとすれば、人それぞれによって身体の配置（と「わたし」の履歴）が異なれば、その環境（風景）の認識も異なることが、図6の模式図から示唆されます。

環境問題解決の場面においては、ステークホルダー（当事者）間における、環境の利用と環境保全・保護に対する意見の相違がしばしば問題解決を難しくしています。もしも、この意見の相違が、環境の認識が人それぞれで多様であることによるならば、多様な認識の生まれる原因を明らかにすることで、環境問題に関わるステークホルダー間での合意形成や施策決定が可能になるものと期待できます。言い換えれば、人びとによる環境の認識が多様であることを理解し、その多様性を乗り越えて環境問題に取り組めるようになることが、即ち、レジリエンスを育むということになるのではないでしょうか。

以上、本章で考察してきたことをまとめると、環境というレジリエンスが育まれる場において人間が占める位置とは、総体としての空間に対して、「わたし」がその身体を配置することによって立ち上がる風景の中に位置を占めていると言い換えることができます。人間と環境との関係において、人間は、単に生き物として環境中に存在しているのではなく、また、環境から影響を受け、環境に影響を及ぼす外部の者でもなく、もちろん、環境の所有者や支配者でもありません。環境を包み、かつ、環境に包み込まれた存在であると言えるのではないでしょうか。人間も環境も、ともに中間者として常に揺れ動き、不安定であり、また、風景の危機が自らの危機でもあるという関係性の中にあるのではないかと考えられます。レジリエンスは、そのような中間者 milieu としての人間と環境のあり方において、希求される様態のことを意味しているのではないでしょうか。

また、人びとの環境意識、環境の価値判断には、人と環境とのあいだの物理的、心理的距離感や倫理的価値観、さらには、その人が対象としている環境にどのように身体を配置するかという経験や知識も影響していることなども示唆されています（コラム1）。そのために、人びとの環境に対する価値判断に、そして、態度行動に多様性が生まれていると考えることができそうです。

さきに、環境問題を解決することが難しい原因のひとつとして、ステークホルダー間での意見の相違をあげました。問題解決の場においては、異なる意見を前提として、それらを戦わせるのではなく、なぜ意見が異なるのか、相手の意見の根源に立ち入ってお互いに考えることからはじめることができれば、よりよい環境問題解決の方策が議論できるのではないかと思います。このような多様性の理解が、今後の地球環境問題の解決を考える上で、どのように有益であるかについては、方法の開発をはじめとして検討の余地があります（コラム2）。そのときにも、ここで考察した環境意識や環境の価値判断の多様性を前提として、複数の「正しき中間」を保有し、それぞれにアプローチできるノウハウを蓄積することが、レジリエンスを軸として人間と環境の関係を考える上で大切ではないかと思います。また、「レジリエンスが育まれる環境」には、そのような議論の場を設けようとする人間も必要とされているのではないでしょうか。

注

（1）哲学的考察は非常に難解であるため、簡略化などをしているところがあります。あくまで私案であり、論述の責任はひとえに著者自身にあることに注意していただければと思います。

参考文献

赤松常弘（1994）『三木清　哲学的思索の軌跡』ミネルヴァ書房、346頁
桑子敏雄（1999）『環境の哲学』講談社、310頁
三木清（1966）「ディルタイの解釈学」（原典1928、『哲学講座』近代社刊）、『三木清全集第2巻』岩波書店、159－204頁
三木清（1967a）『歴史哲学』（原典1932、岩波書店刊）、『三木清全集第6巻』岩波書店、3－287頁
三木清（1967b）『哲学入門』（原典1940、岩波書店刊）、『三木清全集第7巻』岩波書店、3－194頁
三木清（1980）『パスカルにおける人間の研究』（原典1926、岩波書店刊）岩波書店、233頁
三木清（2011）「人間の条件について」（原典1939、『文学界』文化公論社刊）、『人生論ノート』新潮社、65－71

頁
宮島光志（２０１９）「『中間者の哲学』という課題―三木清と「環境」の問題」田中久文・藤田正勝・室井美知博編『再考三木清 現代への問いとして』昭和堂、66－83頁
佐藤宗大（２０２０）「『第三項理論』批判―文学教育にカント哲学は何ができるか？」『作新学院大学紀要』10：43－54頁
田中実（２０１６）「現実は言葉で出来ているⅡ―『夢十夜』「第一夜」の深層批評」『都留文科大学研究紀要』84：31－56頁
吉岡崇仁編著（２００９）『環境意識調査法―環境シナリオと人々の選好』総合地球環境学研究所環境意識プロジェクト監修、勁草書房、１９６頁
吉岡崇仁（２０１９）「森里海連環学入門―森里海のつながりをひもとく（４）人間と自然の相互作用〈１〉」２０１９年9月9日 https://fserc.kyoto-u.ac.jp/wp/blog/archives/27610（２０２２年5月４日アクセス）
吉岡崇仁（２０２１ａ）「森里海連環学入門―森里海のつながりをひもとく（５）人間と自然の相互作用〈２〉」２０２１年8月26日 https://fserc.kyoto-u.ac.jp/wp/blog/archives/30193（２０２２年5月４日アクセス）
吉岡崇仁（２０２１ｂ）「森とレジリエンス―人と自然の相互作用」『森とレジリエンス―地域の再生を思考し創り出すための、異なる音の交差』Resilience Initiative 発行、18－24頁
吉岡崇仁（２０２２）「森里海連環学入門―森里海のつながりをひもとく（６）人間と自然の相互作用〈３〉」２０２２年5月31日 https://fserc.kyoto-u.ac.jp/wp/blog/archives/34571（２０２２年7月12日アクセス）

COLUMN
コラム

〈1〉距離感による環境意識の変化

吉岡崇仁

京都大学フィールド科学教育研究センターが推進している森里海連環学の研究プロジェクトとして、2009〜2013年に京都府の由良川流域と高知県の仁淀川流域で実施した「森里海連環学による地域循環木文化社会創出事業」では、森林から河川を通して沿岸海洋に至る流域を対象として、生態学的な調査に加えて、地域住民に対するアンケート調査を実施しました。ここでは、国産材の利用に関する意識調査と、森林所有者に対する意識調査の結果についてご紹介します。

1.「国産材の利用に関する意識調査」

由良川流域と仁淀川流域の上・中・下流に住む住民を対象として、国産材と輸入材に対するイメージを尋ねました。それぞれの材を使った商品の値段については、大半の人が、国産材の方が輸入材よりも高いと回答しましたが、見ばえや手触り、耐久性、環境へのやさしさ、香りなどでは、国産材の方がよいという意見を持つ人が過半数を占めることがわかりました（森里海連環学プロジェクト支援室 2011、吉岡 2022）。また、国産材を使うことへのこだわりについて、使われている製品毎に意見を尋ねたところ、住宅の柱や内装材、家具などの耐久消費財や食器やまな板については、国産材にこだわる人が多いことがわかりました。一方、わりばしや鉛筆、紙製品、燃料（薪や炭）などの消耗品については、国産材にこだわらない人が多いという傾向が示されました（森里海連環学プロジェクト支援室 2011、吉岡 2022）。

さらに、住宅を建設する際に国産材を使用することにどれほどの価値があると考えているかをアンケート調査で解析しました。この調査では、コンジョイント分析という手法を応用しました。この手法は、新たな商品やサービスとして、利用者がどのようなものを望んでいるかを把握するために用いられています。新商品・サービスには、様々な特徴（色や形、性能、価格など）を持たせることができますが、特徴の異なる候補の商品を複数示して、どの商品を購入したいかという購買意欲を調査することにより、消費者が新たな商品やサービスにどのような特徴を期待しているかを推定することができます。ここで紹介する国産材利用に関する調査では、国産材を使用した住宅にどれだけのプレミアム価格がつくかをコンジョイント分析を用いて調査しました。その結果、国産材１㎥当たり３００万円という価格が推定されました。これは、国産材の実勢価格からみれば、とんでもなく高い価格であり、市場経済的にこの数値を議論することはできませんでした。しかし、回答者の属性との関係でプレミアム価格の数値を比較したところ、興味深いことがわかりました。国産材の利用に高いプレミアム価格をつける傾向のあるのは、木造住宅に住んでいる人であったり、森林に関心の高い人たちでした。また、流域の中・下流に住む無職あるいは農業を営んでいる60～70歳代の人は、国産材や木造住宅にこだわりが強く、国産材１㎥あたりのプレミアム価格は４１１万円ととても高いことがわかりました。一方、上流に住む人のうち、無職あるいは農業を営んでいる70～80歳代の人は、木造住宅にこだわるものの、国産材へのプレミアム価格は１０２万円ともっとも低いこと、無職・農業に加えて会社員や主婦も含む50～70歳代の人は、木造住宅にこだわり、プレミアム価格は２６３万円であること、無職・農業に自営業や会社員も含む20～60歳代の人は、木造住宅へのこだわりが強くはありませんが、プレミアム価格は２６０万円と比較的高いことなどが示唆されました（吉岡

2022)。

2.「森と暮らしに関する意識調査」

森林を所有している人たちの意識も調査しました。調査の対象としたのは、京都府の由良川流域にある美山町森林組合と、高知県仁淀川流域にある仁淀川森林組合の組合員の皆さんで、すべて森林を所有している方たちです。

まず、所有林の維持管理に関して、何が必要かを尋ねたところ、「費用」「労働力」「作業道」をあげる人が多かったのですが、現在は町内に住んでいない森林所有者だけを見ると、「森林の管理をしてくれる委託業者」「将来的に得られる収入の試算」「将来の森の姿」も必要と考えていることがわかりました(森里海連環学プロジェクト支援室 2012&2013、吉岡 2022)。

また、森林の機能として、以下の8つをあげて、自分が所有する森林(所有林)、町にある森林、日本の森林の3つの森林について、それぞれ将来的にどの機能に期待するかを尋ねしました。

①木材を生産する山林
②山菜やキノコ、薪などの林産物がとれる山林
③動物が生息しやすい山林
④遊びや散歩に適した山林
⑤人間が手をつけない山林
⑥自然の観察・学習ができる山林

表1　理想の森林の姿（美山町）

美山町	所有林	町の森林	日本の森
①木材生産	59.8	28.4	10.1
②林産物	14.8	11.0	2.5
③動物の生息地	3.8	8.3	7.5
④遊びや散歩	0.8	2.4	1.3
⑤人間が手をつけない	1.6	1.5	1.3
⑥自然観察・学習	1.4	8.3	1.3
⑦地球環境保全	7.7	16.8	49.1
⑧山崩れ防止・水源地保全	10.1	23.2	27.0
計（%）	100	100	100

表2　理想の森林の姿（仁淀川町）

美山町	所有林	町の森林	日本の森
①木材生産	74.6	22.3	11.1
②林産物	7.0	18.0	3.7
③動物の生息地	5.9	8.6	14.1
④遊びや散歩	0.0	2.2	1.5
⑤人間が手をつけない	2.2	1.4	0.7
⑥自然観察・学習	0.0	4.3	0.7
⑦地球環境保全	2.7	9.4	45.2
⑧山崩れ防止・水源地保全	7.6	33.8	23.0
計（%）	100	100	100

⑦二酸化炭素を吸収し地球環境を保全する山林

⑧山崩れを防ぎ水源地を守る山林

解析の結果、美山町、仁淀川町どちらの町の森林所有者でも、ほぼ同じ結果が得られました（表1、表2）。しかし、多くの森林所有者が望む理想の森林の姿は、対象とする森林が、所有林なのか町にある森なのか日本全体の森なのかによって大きく異なりました。自分の所有林については、木材生産をする森林を理想と考えている森林所有者が過半数を占めましたが、町の森林については、木材生産に加えて山崩れの防止や水源地の保全の機能を果たしてほしいと考えている森林所有者を合わせて、およそ半数いることがわかりました。一方、日本の森林の場合は、木材生産に期待する人は1割程度と少なく、地球環境保全（二酸化炭素の吸収源）に期待する人が4割以上ともっとも多くなり、山崩れ防止・水源地保全に期待する人と合わせると6～7

割を占めていました（森里海連環学プロジェクト支援室 ２０１２&２０１３、吉岡 ２０２２）。

この結果は、所有・非所有という森林との関係性や距離感が、その森に対して最も期待する機能に影響を及ぼしていること、価値の観点からいえば、所有林や身近な町の森林には、利用価値や間接利用価値を求め、遠い存在である日本の森には、間接利用価値や非利用価値の方を期待していると考えることができます。

これらの意識調査から、消費者は、国産材によいイメージを持っていること、また、消耗品よりも耐久消費財の方に国産材の利用を好むことが分かりました。一方、森林所有者は、所有林との物理的距離や、所有・非所有という心理的距離が、森林管理に必要と考えているものの違いや、森林に期待・評価する機能や価値の差となって現われることが示唆されました。

「森林」を広く「環境」と置き換えれば、人と環境との距離感、位置関係が、その環境に対する意識や価値判断に影響を及ぼしていると考えることができるのではないでしょうか。

参考文献

・森里海連環学プロジェクト支援室（２０１１）「流域の森林利用に関する意識調査」集計結果、２０１１年２月 https://fserc.kyoto-u.ac.jp/proshien/kibunka/shiryo/ynreport.pdf（２０２２年５月４日アクセス）

・森里海連環学プロジェクト支援室（２０１２）「美山町の森とくらしに関するアンケート」集計結果（速報版）、２０１２年12月 https://fserc.kyoto-u.ac.jp/proshien/kibunka/Image/121226%20miyama.pdf

（2022年5月4日アクセス）
・森里海連環学プロジェクト支援室（2013）「仁淀川町の森とくらしに関するアンケート」集計結果（速報版）、2013年1月 https://fserc.kyoto-u.ac.jp/proshien/kibunka/Image/130128%20niyodo.pdf（2022年5月4日アクセス）
・吉岡崇仁（2022）「森里海連環学入門―森里海のつながりをひもとく（6）人間と自然の相互作用〈3〉」2022年5月31日 https://fserc.kyoto-u.ac.jp/wp/blog/archives/34571（2022年7月12日アクセス）

COLUMN
コラム

〈2〉環境に関する多様な意見と評価の集約について

吉岡崇仁

総合地球環境学研究所の「環境意識プロジェクト」では、いくつかの環境改変シナリオを選択する際に重視される環境の質を特定する目的で、社会調査（シナリオアンケート）を実施しました（吉岡編 2009、吉岡 2021）。この調査では、森林伐採に関する仮想的シナリオをいくつか用意し、伐採したときに森林流域内に起こる環境変化を提示して、仮想的シナリオに対する評価を尋ねました。その回答を解析することによって、人びとが森林を伐採するときに、どのような環境変化を一番重視しているかを明らかにしようとしました。手法としては、コラム1で用いたコンジョイント分析を応用しました。具体的には、図1に示すように、森林伐採によって引き起こされる「森の景観への影響」「植物の種類と量の変化」「森林浴などへの影響」「濁り水の頻度」「川や湖の水質の変化」が異なる3つの森林伐採計画案を示して、これらの中で最も好ましいと考える計画案を選んでもらいました。

たとえば、森林を伐採したときに大きな環境変化があるのは嫌だと考える人だったら、図1の中の「C」案を選ぶのではないでしょうか。しかし、川や湖の水質が悪化することを一番に懸念する人の場合は、「C」よりも「A」の計画案を選ぶかもしれません。実際には、異なる伐採計画の組み合わせを8つ用意して、それぞれで一番よいと思う森林伐採計画案を選んでもらいました。

回答者それぞれで重視する環境の変化は異なりますが、回答者全体でみると、森林を伐採したときに起こる環境変化として一番避けたいと考えているのは、水域の水質悪化（富栄養化）という結果が得られま

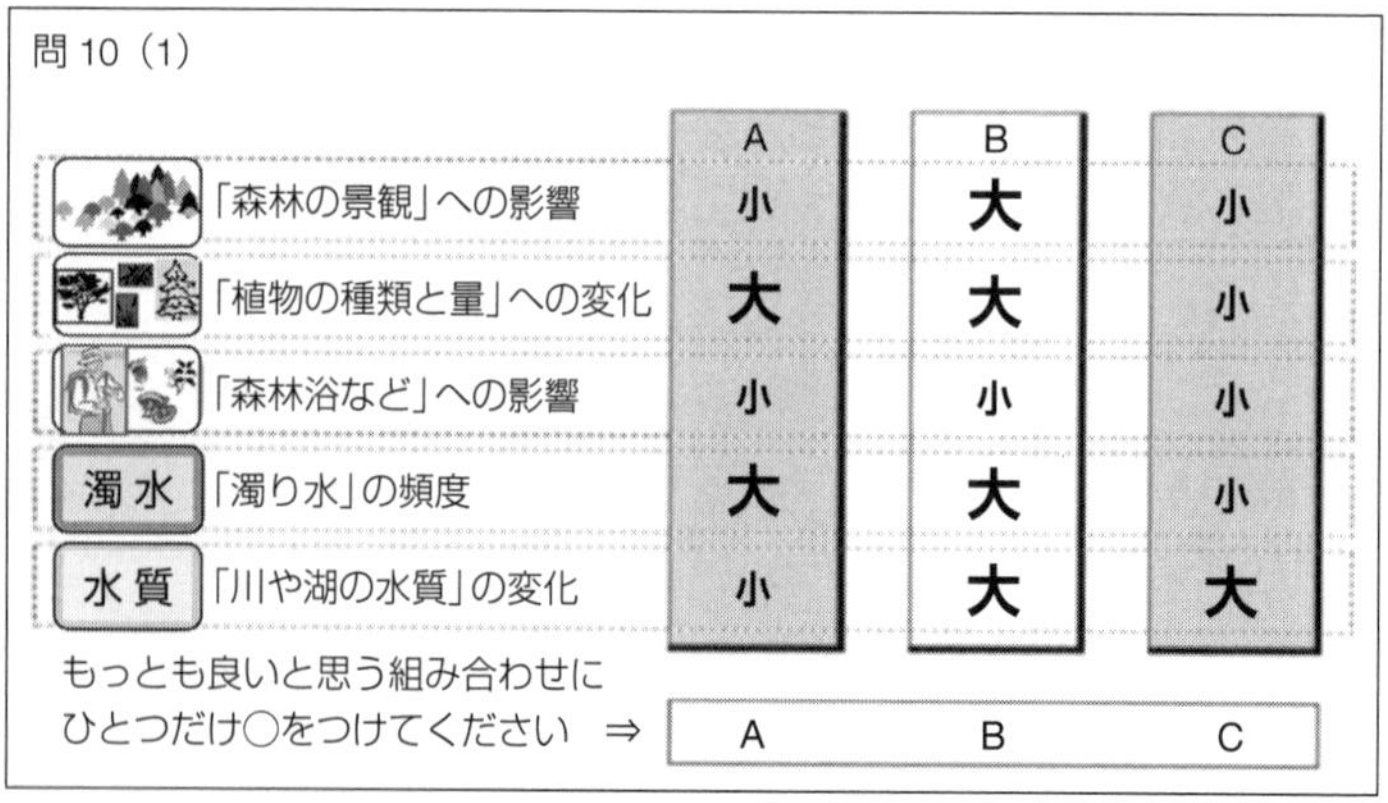

図１ シナリオアンケートで使用した調査票の例

出所：吉岡（2009）

した（吉岡編 ２００９、吉岡 ２０２１）。また、水質の次には、森林の植物の種多様性や量の減少を避けたいと考える傾向が強いことも分かりました。

このシナリオアンケート調査結果を、具体的な環境施策に結びつけるには、さらに詳細な検討や調査が必要でしょうが、人びとの環境変化に対する考えが多様であることを示すとともに、ここで用いたような調査方法によって人びとの環境意識を集約して把握することが可能であることが示唆されました。

参考文献

・吉岡崇仁編著（２００９）『環境意識調査法―環境シナリオと人々の選好』総合地球環境学研究所環境意識プロジェクト監修、勁草書房、１９６頁

・吉岡崇仁（２０２１）「森里海連環学入門―森里海のつながりをひもとく（5）人間と自然の相互作用〈2〉」２０２１年８月26日 https://fserc.kyoto-u.ac.jp/wp/blog/archives/30193（２０２２年5月4日アクセス）

第II部

風景、文化、歴史をよみがえらせるレジリエンス

第4章

風景を再生・新生する
——レジリエンスによる風景観変革

廣瀬俊介

本章では、レジリエンスと私たちの風景観、すなわち風景の見方の関係を考えます。レジリエンスは、「状況変化を重視し、短・中・長期的な視点から社会に散在する点を線で結び、木を見て森も見ながら、予測しないことが起きても、逆境にあっても折れない環境を生み出すこと」（清水 ２０１５：１２頁）と定義されます。環境は、一般に自然と人間がつくる農地や建物や村や町や都市や社会などを合わせた私たちを取り巻く物や事の全体を指します。「逆境にあっても折れない」環境にも自然と人間の関係のあらわれとしての面があり、そうした関係を結ぶには私たちが環境についての理解を深める必要があると考えられます。そのために、本章では、風景を通して環境の成り立ちを読み解く方法を示します。

1 風景を通して環境の成り立ちを読み解く

環境は、水や酸素、炭素、窒素をはじめとした物質の循環や生態系に、人間が生き、暮らし、働き、社会を営みながら関係を持つ結果としてあります。自然と社会の総体が、環境であるともいえます。また、環境は時間と共に変化していますから、固定的に捉えないように注意する必要があります。

人間は、眼、耳、鼻、口、内臓、皮膚などにより感覚を得て、それらをもとに知覚、認知する流れで情報処理を行いながら身の回りの環境と接しています（清水 1987）。筆者は、環境のありさまを「風景」と捉え、風景が今なぜ、どのようにあるのか読み解くことが、環境の成り立ちの理解に結びつくと考えます。そして、風景を成す因子とそれらの関係についての感覚、知覚、認知のいずれにも注目し、調査の視点を多角的に持つことから、環境のありさま、ひいては成り立ちを読み解きます。このように風景を通して総合的に環境を読み解くやり方を、本章で風景の見方と呼びます。

人間が、環境のありさまをぼんやりとではなくはっきりと見られるようになるほど、自然を含む環境のあり方や環境との関係の結び方が考えやすくなります。それは「逆境にあっても折れない環境を生み出すこと」につながるでしょうし、自然と人間の関係が大きく改善されて環境のありさま、風景が再生したといえる状況が生じることもあるでしょう。さらに、新しい知識や技術が適切に導入されて風景が新生することさえあるかもしれません。

2　環境の変化

大地は、地震や津波や火山の噴火などが起きることからわかるように変動しています。地球外の太陽や月の存在も大きく、植物の生育には日中に太陽から届く光と熱が欠かせませんし、太陽と月と地球の位置関係の変化から潮が満ち引きし、海岸線から浅い海にかけて生きる生物の多くがこれに合わせて産卵します。生物がそのように生まれて生きて死に、子孫を残すことは、繰り返されています。また、地球が自転軸を傾けながら太陽のまわりを1年かけてまわることで季節が移り変わります。

人間がつくるものにも、変化は生じます。鉄筋コンクリート構造の建物ならば、コンクリートが次第にアルカリ性を失って中性化し、それにつれて内側の鉄筋が腐食します（親本 2019）。コンクリートは、石灰岩、粘土、珪石、鉄などからつくるセメントと水が化学反応によって固まる中に骨材として砂、砂利や砕石を入れたものです。この反応から生じる水酸化カルシウムが、コンクリートをアルカリ性にします。鉄筋は、主に酸化鉄からできた鉄鉱石から還元反応により酸素を離して取り出した鉄を原料とします。コンクリートの中性化がはなはだしい場合には、押される力に強く引っ張られる力に弱いコンクリートと、押される力に弱く引っ張られる力に強い鉄筋を組み合わせた構造が成立しなくなり、建物は安全でなくなります。

鉄やその他の金属は、道路照明柱などとして屋外でも用い、腐食の発生を防ぐため表面に石油からつくる合成樹脂を塗った塗膜で覆います。しかし、塗膜は太陽から届く紫外線や熱（赤外線）によって時間と共に傷んでゆきます。その上に、海辺では風が砂浜から運ぶ砂が塗膜の表面を削ります。風が運ぶ砂や海水に含まれる塩分は、塗膜にできた裂け目などから金属の表面に達し、腐食させます。そこまで明らかであっても、計画者の知識の不足などから問題は繰り返し起こされます。

風が吹くのにも、海水に塩分が含まれているのにも、砂浜に砂があるのにも理由があります。空気も、水も、塩分も、砂浜の砂も動いて、入れ替わっています。環境は、動態としてあります。また、税制や法律に少しふれましたが、自然や自然由来の物質ばかりではなく、人間がつくる社会の仕組みや実態も環境のあり方に大きく作用しています。それゆえ、環境を捉える際に、政治、社会、経済といった人間の問題も扱う必要があります。

3　環境のありさまのどこまでかを人間は風景として見ている

環境の変化するありさまを、人間は風景として見ているといえます。ただし、私たちは同じ場を見ても完全に同じように見てはいないはずです。その場をかたちづくる因子に見る側が気づけなければ、たとえそれが目に見えるかたちにあらわれて目に映りはしても、意識して見るまでには至らないからです。私たちは、見えているものと見えていないものがありながら、自分は風景を見ている、風景を見ることができていると思い込んでいないでしょうか。また、因子に気がつけても、よく知らずにその性質や変化を見落としてはいないでしょうか。そうだとすれば、何と何がどう関係して環境ができているかをどこまで知っているかで、風景を見た時に環境を成す因子に気づける程度が変わり、知っていて気がついたがゆえに今はそれより知らないことに対して想像をめぐらせる機会も得られるのではないでしょうか。何も知らなかった因子に初めて気がつき、新たに関心を持つこともあるでしょうし、それも大事です。しかし、レジリエンスを育むには、環境の基本的な成り立ちをできるだけ知っておくことが大切であると考えられます。

4 事例をもとにレジリエンスと風景の見方の関係を考える

事例をもとに、レジリエンスと風景の見方の関係を具体的に考えます。東北地方太平洋沿岸部の山間地域でこの500年ほど10～11軒の規模を保って持続してきた、宮城県本吉郡南三陸町の払川《はらいかわ》集落の例を参考とします（山内 2017）。

払川は、南三陸町と北側の気仙沼市の境を限る田束山《たつがねさん》（標高511・4m）の南西のふもとに位置する地区です。西側には神行堂山《しんぎょうどうさん》があり、両山の間にも尾根の連なりがあり、これらの山々から下る水を集めて伊里前川《いさとまえがわ》が流れ、伊里前湾《いさとまえわん》に注いでいます。伊里前川が刻む谷には街道が通され、払川ではこれを軸に四方から道が集まり、集落は信仰の拠点である田束山がかつてにぎわった時期には参詣客の宿場として栄えたと伝わります。

集落のつくりと環境の成り立ち

集落の家々は多くが伊里前川に面し、まわりには田畑がもうけられ、米の他に麦やソバ、ダイズ、アズキ、コンニャクや大根、ニンジンなど50種類もの野菜が育てられています（山内 2017）。各戸には母屋の他に仕事場や倉庫にしている小屋があり、それらに囲われた庭があります。その風景を少し高いところから見下ろして観察しながら描いたスケッチが図1です。この辺りの伊里前川は、北西から南東の向きに流れ下り、北側に田束山のふもとが接していて、その向かいの家々の多くがある側に川べりを歩ける小道が通されています。川に面した家々の庭は、この小道につながっています。

家々の庭から小道を下りた先には石段があり、川べりに下りて洗い物ができる場、洗い場がつくられています。石段は、周囲の山々をつくる三畳紀の浅い海の底にたまった泥がかたまってできた岩、泥岩の崩れたものを用いて積まれています。家々は、川べりから一段上がった土地に建てられています。家々が建つ土地は、長い時間をかけて伊里前川が谷を刻んだ上へその後川が上流側から運び下ろした土砂がたまってできています。家々が建つ土地のふちは、洗い場と同じく泥岩を積んだ石垣で押さえられ、集落の周辺や川の上流側で大雨が降り川が氾濫した際に強い水の流れが当たっても崩れにくいように備えられています。

また、払川を抜ける街道と交わる二筋の道はいずれも谷沿いに通され、伊里前川の他にもう二筋の沢水が流れ下って集落の中心部に集まります。神社や石祠《せきし》が、集落の家々が建つ土地から山の斜面を少し上がったところにまつられているのも、一つには川の氾濫を避けるためではなかったかと考えら

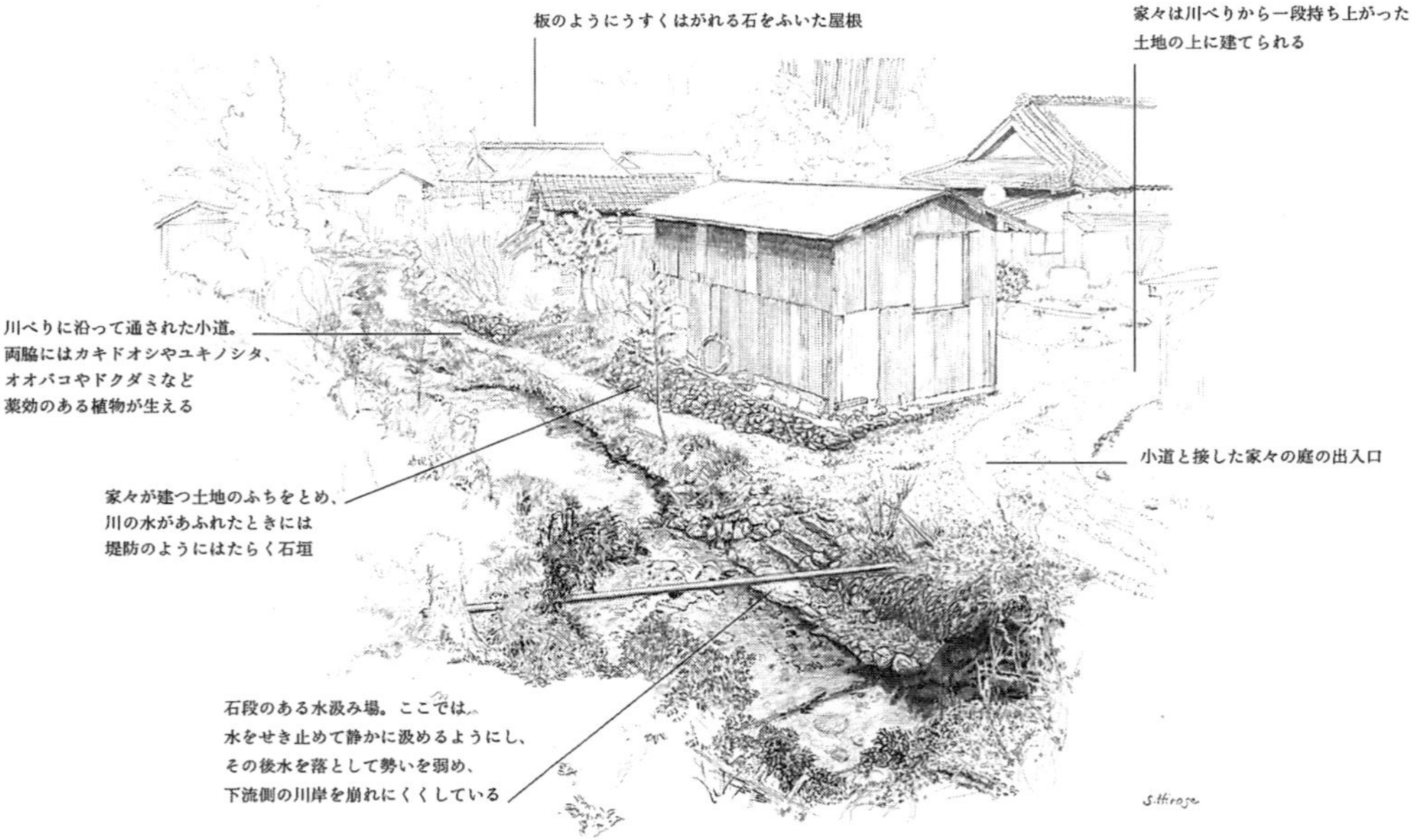
板のようにうすくはがれる石をふいた屋根
家々は川べりから一段持ち上がった
土地の上に建てられる
川べりに沿って通された小道。
両脇にはカキドオシやユキノシタ、
オオバコやドクダミなど
薬効のある植物が生える
小道と接した家々の庭の出入口
家々が建つ土地のふちをとめ、
川の水があふれたときには
堤防のようにはたらく石垣
石段のある水汲み場。ここでは、
水をせき止めて静かに汲めるようにし、
その後水を落として勢いを弱め、
下流側の川岸を崩れにくくしている
S.Hirose

払川集落を流れる伊里前川

図1　払川集落を流れる伊里前川
出所：廣瀬（2018）

れます。伊里前川下流域の神社もそれぞれ高台にまつられ、2011年に発生した東北地方太平洋沖地震に伴う津波の被害をまぬがれていました。ここではまた、普段は川の水量がほぼ一定であるためその脇の小道を使い、水量が増えた時には川と小道を挟んだ川岸の石垣と家々が建つ石垣の間の空間全体に水があふれてよいようにする、防災・減災の備えが行われています。

写真1　下流側から見た図1の洗い場（写真中央から奥）
撮影：廣瀬（2016）

図1に描いた洗い場は、水を静かにためるために石を積み川をせき止めてつくられています。ただし、目的はそれだけではなく、川底の傾きが大きく流れが強いところで一度水をためて流れを弱め、すぐ下流側に水をせき止めた高さから落とすことで流れの勢いが抑えられるように工夫されています（写真1）。ここに水をせき止める石積みと静かにたまった水がなければ、川は勢いよくこの地点を流れ下り、勢いを増して川の底や岸を掘り、周りにあふれ出やすくなります。水を使うことと水を治めることが共に成り立つように、この洗い場はつくられています。

写真2　川底の石を弓なりに組んで洗い場へ水を導いている例
撮影：廣瀬（2017）

図1に描いた洗い場から少し下ったところにある別の洗い場は、川面の近くへ下りられるように石段を設け、少し上流側の対岸から川底の石を弓なりに組み、弓の円い背の側を上流側に向けて、それに沿った水の流れがなめらかに導かれるようにつくられています（写真2）。弓なりの石の列の両端は、対岸が護岸の石垣に、手前の側は川底に露出した岩盤または岩に固定されて、崩れにくくされています（福留ほか 2010）。ただし、これらが強い水流に崩されて石が下流へ流される場合もありますが、石はこの場や近くにあったもので、川底に石や砂がたまって砂州ができたり流されたりすることに近いといえます。また、コンクリートや、セメントと砂と水を練り合わせてつくるモルタルを使って護岸をつくるのとは違い、崩れても廃棄物は出ません。したがって、こうした風景は、廃棄物を出さない風景と見ることもできます。

払川には、南三陸町が天然記念物に指定した「千本桂」と呼ばれる大きなカツラが生えています。

カツラは山地の谷筋、平地では湧き水のある土地に適した木です。根元から25本もの幹が分かれていることで「千本桂」と名づけられたこの木は、払川の岸で樹齢550年、樹高30mに達しています（田中 2018）。カツラの葉はハート形で、秋に黄色から橙色に色づくと共に、葉に含まれるマルトールという成分が多くなり、甘い香りをただよわせます。このマルトールは人間にとっての薬効（抗酸化作用など）を持つと、研究からわかってきています（Murakami, Ito, & Tanemura 2001）。

薬効を持つ植物は、払川集落で他にもたくさん見られます。家々が建つ土地のふちをとめる石垣は、石のすき間から土に浸みた水を吐き、家々の下や周り、庭や農地の土が湿った状態に保たれないようにする機能も持ちますが、そのすき間にはユキノシタのような植物が根を下ろしています（写真3）。ユキノシタは、葉やつぼみをゆでて水にさらしゴマ和えや味噌汁の具にして食べると、のどや耳の中の腫れを鎮めるのに効きます（村上 2010）。石垣に面した川べりの小道の両脇に茂るカキドオシは、おひたしや揚げ物にして食べると熱が出やすくかぜを引きやすい子どもの体を強くすることに向き、川の中に根を下ろして葉を水の上に出すセキショウは、その根を風呂に入れると筋肉や関節の痛み、打ち身、ねんざなどをやわらげる効果を持ちます（村上）。農地の畔に生えるオドリコソウは、若芽をゆがいて和え物、浸し物、味噌汁の具などにでき、全草すなわち植物の全体を呼吸器からの血が口から出る時、消化器の血が口から出る時の両方に用いることができます（矢ヶ崎ほか 2006）。その他にも、オオバコやドクダミやイタドリ、スギナやフキやヨモギ、ノアザミやノカンゾウやノビル、つる植物のクズやアケビやフジ、山菜として親しまれるタラノキやウドやワラビやコゴミ、果物

写真3　薬効のある数々の草木が生える川べり
撮影：廣瀬（2016）

のウメやカキやクリなど、さまざまな植物に薬効があります（村上）。ただし、人間にとっての薬効を持つ植物の種類がもともと数多くあるということもありますが、それらが当地に豊かに生育できている背景には、植物と動物、微生物を合わせた生物の種類が豊かであり、かつ約40億年前に地球上に生物が現れて以来の、世代を重ねて進化しながら結ばれたそもそも豊かな生物相互の関係が、その中から生れ出た人間の営みによって貧弱にされずにきたということもあるのだと考えられます。

大地と気候と集落の歴史

ここまでは、払川集落の中の街道が交差する中心部から、伊里前川に沿って千本桂とその下流側の家々の建つ土地と川の間の小道を歩くようにして、当地の生活者を取り巻く環境の成因に何があり、それらの関係がどうあるかについて、生活者自らがかたちづくり日々ながめてきた風景を手がかりとして考えてきました。払川集落に暮らす人々は、

「ここには何でもあるよ」と話されるそうです（山内　２０１８：12頁）。考えさせられるところの多い言葉です。

　ここから少し、払川集落が位置する大地の生い立ちについて確認します。集落の周囲の山々をつくる岩は、三畳紀の浅い海の底にたまった泥からできていますが、三畳紀は恐竜が生きたジュラ紀、白亜紀で知られる中生代の前期に当たり、約2億5１９０万～2億１３０万年前の間を指します（日本地質学会　２０２２）。この巨大な泥岩の塊の一角に払川を貫く南北にのびた断層ができ、払川の北側に田束山から神行堂山まで連なる山々から下る水が集まって谷を刻み、伊里前川が流れ始まりました。そして、山々の斜面では岩石の風化が起こり、雨水や湧き水による削り取りがあり、谷壁は刻まれ、谷底には重力と水が移動させた土砂がたまり、地形は変化し続けています。ただし、水が谷壁を削り取り、土砂を運び下ろす力は、約２５８万年前からはっきりとあらわれた、約80万年前までは4万年周期、以降は10万年周期で寒冷な時期と温暖な時期が繰り返されてきている地球規模の気候・環境変動とも関係して変わります（Lisiecki & Raymo 2005）。寒冷な時期には、海氷、陸地に定着した氷河、中でも規模の大きなグリーンランドと南極大陸を覆う氷河を指していう氷床が拡大し、特に氷床の量が増えると海面が低下し、最新の寒冷期「最終氷期」における最盛期となった約2・8万から1・9万年前にかけては現在よりも１２０ｍ程度下がりました（日本第四紀学会　２０１５）。川の流れは、基本的に海面までの高低差が大きくなるほど強くなります。川が運ぶ土砂を構成する石や砂や粘土の大きさは、川の流れの強さから決まります。払川集落の家々が建つ土地は、伊里前川がそれより上流側の断層に谷を刻み、削り取って運び下ろした土砂が一度たまったものです。川がその土地から一段下がっているのは、地球規模の気候変動による川の流れの変化や、大雨で水量が増えるなどの一時的な流れの変化が関係してのことと考えられます。なお、地球規模の気候変動によって地域に生育できる生物の種類が変化することが想定されています。その際、生物多様性が高いほどそれぞれの生物の関係は複雑になり、ある生物の数が著しく減ったり、そこに生育できなくなったりすることがあったとしても、そのことが地域の生物の種数と相互関係の全体の中で占める割合は小さくなると期待されます。気候変動の条件に対応し得る可能性を有する生物も、基本的には生物の種数が多いほど、多く含まれはしないでしょうか。生物はまた、水・物質が循環する中で、呼吸や光合成、採餌をし、体をつくり、排泄をし、遺骸が微生物に分解されながら循環に含まれていて、その上に他の生物と関係して生態系をかたちづくります。それゆえ、生物多様性を保つことは、生態系ひいては水・物質循環を健全に保ち、同じくその中で可能となる人間の生存をできるだけ安全にすることに結びつきます。

10万年周期での寒冷期と温暖期の繰り返しの中では、小さな寒冷化と温暖化が繰り返されています。比較的最近では3～6世紀の「古墳寒冷期」、7～12世紀の温暖期、13～19世紀の「小氷期」があり（山田 1995：4頁）、その中ではさらに短く細かな数十年周期の気候変動が起きてきました。この気候変動は飢饉の発生と関連し、「10年以上の顕著な温暖期の後に寒冷期が起きた際には、ほぼ決まって飢饉が発生する」「温暖期の高い農業生産力に適応した人々が急激な寒冷化に伴う冷害による凶作によって飢饉に至った因果関係が見て取れる」と報告されています（中塚 2022：33頁）。当地では、この500年間で宝暦年間（1750年頃）、天明年間（1780年頃）、天保年間（1830年頃）に深刻な飢饉に遭い、仙台藩の「三大飢饉」として伝えられています。昭和5（1930）から9（1934）年にかけても、昭和東北大飢饉が起きています。

払川集落の周辺における人間の歴史について、今日、記録や史跡をもとに確かめられているところでは、11世紀末期からおよそ1世紀にわたって現在の東北地方に当たる当時の陸奥国と出羽国を合わせた奥羽一帯を支配した奥州藤原家が拠点を陸奥国の平泉に構え、以来、払川集落の北東に位置し、9世紀半ばには修験道の修行の場とされていたと考えられている田束山に羽黒山清水寺《はぐろさんせいすいじ》、田束山寂《たつがねさんじゃっ》光寺《こうじ》、母衣羽山金峯寺《ほろわさんきんぷじ》を建立し、山頂に経塚群をもうけている他、同集落を抜ける道を伊里前湾から約8km南西にある志津川湾《しづがわわん》へ続く往還（街道）としていたと考えられています（南三陸町バーチャルミュージアム）。

払川集落は、このように水の利用、食料の確保、薬用植物の採取、保健・衛生、必要な資材の入手も含む防災・減災などを、ここに暮らした人々が日常的な環境の変化から飢饉などまでに応じつつ充たし、また時代ごとの政治や社会の変化にも合わせながら、500年にわたって持続してきました。それだけでなく、2011年の津波の後、食料調達や洗濯をしに来る被災者を受け入れることもできました（山内 2017）。地域を知って暮らす中で予測できることを増やし、結果として予測しないことが起きる可能性を下げ、なおかつ予測しないことが起きても対応できる余地のある環境が地域の自然に適度にはたらきかけてかたちづくられて、ここではレジリエンスが育まれていると考えられます。

5　伝承知と科学知の相互検証に基づく風景観の変革

払川集落の環境がどのような成り立ちを持つかについて、風景を手がかりとして読み解いたことをできるだけ整理して述べてみました。薬効を持つ植物の利用も、水の利用や洪水被害の軽減のために川岸や川底を一部つくりかえることも、近代科学が成立する前から行われてきました。各地域に伝えられてきたそれらの知識や技術は伝承知と呼べ、日本でいえば19世紀半ばに近代化が始まる以前から持続利用できてきた実績が評価できます。近現代の科学に基づく知識や技術は、科学知と呼べます。

それでは、日本で伝承知と科学知の関係はどうあったのでしょうか。日本の近代化の中での治水技術の扱われ方を例に挙げると、欧州や米国から輸入された科学的根拠を伴う近代土木技術と伝承されてきた土木技術とがかけ離れ、伝承知の科学的検証はおろそかにされ、積極的に継承されてはきませんでした。しかし、近年は伝承されてきた治水技術の科学的検証が行われ、そのしなやかな構造上の特性や生態的技術としても用いることができる点などが評価されています。薬草も、地域で伝承される民間薬として普通に使われていたところが、一般用医薬品の普及によって忘れられ、その後科学的に有効性と安全性が確認されるようになって少しずつ見直されています。

今日の科学は、物ごとを細かく分けてそのつくりや性質などを明らかにする分析が主であると考えられます。その上に、科学は本来さまざまな分析結果を総合することで、例えば人間の福利がどのようなことであるのかについて明らかにし、そうした福利のためになる知識と技術を蓄え、多角的、多面的に実行してゆく力になり得ます。しかしながら、科学の総合は分析が進むほどに困難になり、なかなか実現しない現状があります。そのような中で、伝承知は、伝承的な土木技術が構造的にだけでなく生態的に有効でもあるように、科学知の総合から得られる知の一つのモデルと見立てられるのではないかと考えられます。また、伝承知の価値が完全に科学的とは認められなかったとしても、改善のヒントを得て伝承知を科学的に補強し、地域の人々の福利に役立つ知識や技術を増やすことができます。

このように伝承知と科学知を相互に検証に用いながら、組み合わせて持つことに始まる人間の環境の認知、理解の変化は、環境のありさま、すなわち風景の見方を変えること、言い換えれば風景観の変革につながる可能性があります。

6 風景を見ることを通した環境の理解に求められる知識

こうした風景の見方は、人間が環境としなやかな関係を結ぶための基礎となります。それは、例えば川が幾度もあふれながら土砂を振りまいてつくった低湿地で土地造成を行い、洪水にも地震にも弱い市街地を整備して人間が自ら災害を誘発してしまうわが国の現状のようなことのない土地利用、環境形成につながると考えられます。

そのような風景の見方ができれば、人々は住む土地や家を選ぶ際にその土地がどこまで安全といえるどうかを選択肢に含められるようになるでしょう。そして、暮らしの場や働く場に見え隠れする問題から地域社会や国全体の自然と社会、経済の関係の問題、地球温暖化の緩和をどうするかといった問題などまでが、目の前の風景からたぐり寄せるようにして、実感を持って、ぼんやりとではなくはっきりと見えるようになり、レジリエンスを育む条件を揃えてゆけるのではないでしょうか。

風景をぼんやりとではなくはっきりと見ること、そこに何と何が見え隠れしていてどのように関係し合っていて、だから今風景はそう見えているのだとわかるようなることは、一人ひとりに求められます。その過程を、本章では環境の知覚、認知、理解とも表しました。環境の知覚は、環境の姿である風景の中にある何か、また他の何かがあるとまず気がつくことと考えます。それらが少しずつ、これは何ではないか、おそらく何であろう、そしてこうした性質を持つ、だからここに見られるのではないかなどと自身の経験の記憶や知識に照らし合わせながら判断することは、認知に当たります。それらの関係が読み解けてゆくことで、風景の成り立ち、環境の構造の理解が進みます。

そして、環境の知覚は、風景の中にある何か、すなわち環境を成り立たせる因子とそれらの関係についての確かな知識を個々人が蓄えることに支えられます。何も知らない物事に気がつける偶然に期待するよりも、私たちを取り巻く世界が何と何からどのようにできているかを知り、そこから自らの生きる場所を選び、生き方を模索しながら、予測しないことが起きる確率や逆境にあう確率を減らすことができれば、その方が安全ではないでしょうか。また、そのように生きる日常の中に、環境に「予測しないことが起きても、逆境にあっても折れない環境」を立ち上がらせるように、レジリエンスが育めてゆくのではないでしょうか。

ただし、この知識は、はじめ他者から教えられたり本で読んだりして知ったことであっても、実際の経験の中でその物や事と出逢い、脳に記憶されているだけよりも体の中に実感と共にしみ込むように、あるいは刻みつけられるように、「身につけられた」知識として保持されることが大切であると考えられます。もうひとつ留意すべき点は、環境のすべてを理解はできないということです。科学的解明が追いつきませんし、仮にそれが成ったとしてもすべての科学知と伝承知を単身で身につけることは、誰にとっても不可能でしょう。一人ですべてを知ることはできません。また、次に述べるように、それぞれに見える風景はどうしても少しずつ違ってしまい、しかしそのことが大切なのだと考えられます。

7　地域共同体の集合知による風景の再生・新生

人間は、単独では生きておらず、他者と関係を結び、社会をかたちづくって生きています。地域の自治と経営のあり方についての方向性は、地域に共に生きる人々の合意の上に決定される必要があると考えられます。そして、合意は、人々が共に生きる地域の環境の性質を理解するための検証に基づいてめざされるべきです。

この検証は、個々人が地域に対して持つ知識、地域の風景の見方の違いを生かして、知を集めて集合知とし、個々人の限界を同じ地域に暮らす人々がつくる地域共同体が協力して超えてゆくために、有効にはたらき得ると考えられます。以下に、そのことも含めて、レジリエンスと私たちの風景の見方の関係を考えることを趣旨とした本章の論点をまとめます。

環境のありさま、風景を見る際、少なくとも現時点では解明が不可能なことがあり、人間には環境を成り立たせる因子それぞれと因子の間の関係、ひいては環境の構造を完全に理解することはできません。その上に、個々人が持つ環境についての関心や知識が異なり、個々人の風景の見方、環境の理解には差異が生じます。こうした差異は、ある地域の風景、環境を集団で理解しようという時に、知識を集められ、意見が交わし合えることから、個人でそうするよりも風景の見方、環境の理解を確実にする可能性を有します。特に、地域共同体をつくる人々が共に環境の理解を確実にすることは集合知の構築と共有に結びつき、地域の自治と経営のあり方に関した人々の合議ひいては決議の質を、払川集落の例のように地域の環境の条件に則したものに高め得ます。ただし、集合知の構築は、地域共同体ごとに方法を模索しながらめざされることになるでしょうから、困難も伴うはずです。なお、環境を確かに知覚、認知、理解するためには、伝承知と科学知を相互に検証に用いながら組み合わせて持つことが重要となります。知覚の前提としては、環境の成因と成因間に関した確かな知識を個々人が持つべく努めることが求められます。以上のことが、レジリエンスを育むための要件となると考えられます。
本章では、レジリエンスとの関係を考えるために、主に人間にとって実用的かどうかという視点から風景を評価してきたといえます。しかし、その実用的な面を充たす上に、人間が風景に自身の心情や記憶、経験などを重ねて見ながら何かを感じ、思い、考えることの精神的な価値を評価し、その面を充たしてゆくことは、レジリエンスを育む一層の力になると考えられます。

参考文献

福留脩文・有川崇・西山穏・福岡捷二（２０１０）「石礫河川に組む自然に近い石積み落差工の設計」『土木学会論文集F』66（４）：４９９－５０３頁　DOI: https://doi.org/10.2208/jscejf.66.490
廣瀬俊介（２０１８）「南三陸の風土と生きる」『南三陸の森里海』山内明美、６－21頁
Lisiecki, L. E. & Raymo, M. E.（２００５）: Pliocene-Pleistocene stack of globally distributed benthic stable oxygen isotope records. *Pangaea.* DOI: https://doi.org/10.1594/PANGAEA.704257（２０２２年８月21日アクセス）
南三陸町バーチャルミュージアム「（県指定・史跡）」https://www.town.minamisanriku.miyagi.jp/museum/future/article.php?p=649（２０２０年10月４日アクセス）
Murakami, K., Ito, M., Tanemura, Y., & Yoshino, M.（２００１）: Maltol as an antioxidant: inhibition of lipid peroxidation and protection of NADP-isocitrate dehydrogenase from the iron-mediated inactivation. *Biomedical Research* 22（4）: pp. 183-186
村上光太郎（２０１０）『食べる薬草事典』農山漁村文化協会
中塚武（２０２２）「気候変動と人間社会の歴史的関係から学ぶ―『変化』の速さに着目して」『学術の動向』27（２）：

2_31-2_35　DOI: https://doi.org/10.5363/tits.27.2_31
日本地質学会（２０２２）「地質系統・年代の日本語記述ガイドライン　２０２２年２月改訂版」http://www.geosociety.jp/name/content0062.html（２０２２年８月20日アクセス）
日本第四紀学会編（２０１５）「第四紀とは」　http://quaternary.jp/intro/files/qr_pamphlet_150709.pdf（２０２２年８月21日アクセス）
親本俊憲（２０１９）「既存鉄筋コンクリート造建築物の長寿命化に対する取り組み」『コンクリート工学』57（５）：３４６－３５１頁　DOI: https://doi.org/10.3151/coj.57.5_346（２０２３年１月４日アクセス）
清水美香（２０１５）『協働知創造のレジリエンス—隙間をデザイン』京都大学学術出版会
矢ヶ崎朋樹・武井幸久・平泉直美・鈴木邦雄（２００６）「植物社会学的、民族生物学的アプローチに基づく地域景観の資源性評価—日本の里地・里山地域（福井県鯖江市河和田地区）を例として」『生態環境研究』13（１）：59－99頁
山田昌久（１９９５）「日本における13〜19世紀の気候変化と野生植物利用の関係」『植生史研究』３（１）：３－14頁　DOI: https://doi.org/10.34596/hisbot.3.1_3
山内明美（２０１７）「流域圏を単位とした文化の継承と生存基盤をめぐる研究—宮城県南三陸町を事例として」「２０１７年度科学研究費補助金成果報告書」３－４頁　https://kaken.nii.ac.jp/ja/report/KAKENHI-PROJECT-15K17196/15K17196seika/（２０２２年６月30日アクセス）
山内明美（２０１８）「三陸の文化が育む東北人の豊かな精神性について考える」「はぐくみパレット」８、宮城教育大学、11－12頁　https://www.miyakyo-u.ac.jp/about/publicity/pdf/hagukumi08/07.pdf（２０２２年11月23日アクセス）
清水豊（１９８７）「感覚情報の知覚メカニズム」『繊維製品消費科学』28（７）：２６６－２７０頁　DOI: https://doi.org/10.11419/senshoshi1960.28.266

COLUMN
コラム

〈3〉「風景の知」をめぐって

前田雅彦

伝承知と科学知という、近代化と知のあり方をめぐる大きな問いを背景に、第4章の廣瀬は風景を構成する要素を「はっきり」知ることの重要性を強調します。人間が自然との間にレジリエンスを育むためには、風景の中の「因子」を知り環境を理解することが必要だからです。廣瀬の目線は山道の足場のための横木の角度といった非常に微細な点に向けられ、一つ一つの細かな要素を他との関連からつぶさに描くことで、言葉によって多様な物質や生物が共存するひとつの世界が描かれる様に、筆者は目を開かされる思いがします。

他方、廣瀬が風景を論じる「実用性」の角度とは別に、筆者にとって、風景とは何よりも見られるもの、そして見る者を包みこみ、圧倒するものであるとも思います。そのような風景の側面は、人間にとって捉え難いものとも思われ、だからこそ廣瀬の、言葉によって様々なものの共存する環境を分析し、それらを関係づけていく筆致は、稀有なものと驚かれるのです。それと同時に、「環境の理解には限界がある」と述べられているように、風景というものを私たちが理解しようとするとき、知によってすべてを捉え尽すことはできないのかもしれません。そのとき、捉えきれない部分に対し、知はどのような関係を結べるのでしょうか。あるいはその仕方も、ある種の伝承知には含まれているのでしょうか。廣瀬の論考を通して、風景のより広い海に泳ぎ出た気持ちです。

第5章

風景と記憶

――風土の力を再生する2つの実践

前田雅彦

本章では風景について、人間の精神的な面との関係から考察を試みます。具体的には風景が危機に瀕した2つの地域の事例をもとに、風景とそれと共にある記憶の関係について考察し、そのことを通して、風景の記憶はレジリエントな力を持つことを明らかにします。

1　風景と共にある記憶

風景を見るとき、わたしたちは単にそれを構成する自然や人工物などを見ているのではなく、それらによって成立するひとつの〈世界〉を見ているように思います。たとえそれを成り立たせる、個々の自然や人工物の上に積み重なるものが何かは知らない場合でも、人間によって作り出された総体としてのイメージ、目の前の光景に通底するひとつの〈世界〉がそこに表現されているという想定が、「風景」という捉え方には含まれているのではないでしょうか（第3章）。

そのような風景に表れる〈世界〉を作り出す重要な要素のひとつは、風景と共にある記憶だと筆者は考えます。風景と共にある記憶は、風景と人間を結びつけ、そうすることで風景の中にある人間の存在を支えます。またときにその風景が危機に瀕したとき、風景と共にある記憶は、その風景自体を守るものとして、あるいは風景をより深い部分から捉え直すことを促すものとして、働くことがあるとも考えています。

本章では以下、風景が危機に瀕した2つの地域の事例をもとに、風景と記憶の関係について考えていきます。

2 流された風景から——岩手県陸前高田市

1つ目の事例は、目の前にあった風景が失われた、あるいは大きく変わってしまった地域に関するものです。岩手県陸前高田市は、2011年3月11日に起こった東日本大震災の地震と津波により、多くの死者、行方不明者を出しました。陸前高田市では高さ15mを超える巨大津波が平野部を襲い、市街地は津波によって流され、死者1556人、行方不明者203人の犠牲者を出しました（2017年2月28日時点）。ここでは、陸前高田に暮らす一人の被災者の男性の経験と、彼が記した震災の記録をもとに、市街地が流された陸前高田の風景と、そこで震災後を生きる住民の記憶の関係について考えてみたいと思います。

佐藤貞一さんと震災の記録

震災前、陸前高田の市街地で種苗店を営んでいた佐藤貞一さんは、東日本大震災の津波で自身の経営していた店舗を流されました。地震と津波による精神的・物質的被害も大きいなか、佐藤さんは被災後すぐに元の店舗があった場所でプレハブにより営業を再開します。震災のショックの中、また店舗再建のための物資も簡単には手に入らない中、店を再開することは簡単なことではなかったはずですが、プレハブで再開した「佐藤たね屋」は、被災した地元の人々を励ますとともに、筆者のように被災後の陸前高田を訪れる者にとって町と来訪者を結びつける重要な場所となっていたように思います。陸前高田中心市街地の嵩上げ工事までの佐藤さんの姿は、小森はるか監督によるドキュメンタリー映画『息の跡』（2016年、東風）に記録され、嵩上げ工事の際、佐藤たね屋は陸前高田市街地の高台に移転し、現在も営業を続けています。

『息の跡』でも見られるように、佐藤さんは震災後2011年8月に店を再開し、想定外の津波が襲った後の被災地で行政による判断を鵜呑みにせず、自ら津波で流された地域を歩き、今後同様の被害が起きないよう人々が生きる知恵を探します。具体的には、陸前高田に古くからある木の年輪などを調べ、2011年と同規模の津波がかつてあったのかどうか、それが陸地のどの地点まで到達したか、またどうしてその記憶が引き継がれてこなかったのかについて以下のように調査を行っています。

After the tsunami, I was so regretful with the tsunami monster and wanted to know somehow why this tragedy happened. The city library was wiped out by the tsunami. All historical documents disappeared. All bookshops in our city were destroyed. The Internet was the only reliable source. I researched the data of the past like a possessed man. Then I found out that, long ago, there was a large tsunami here. This is notable. According to the data of Sendai District Meteorological Observatory, 50 people were killed by the tsunami of 1611 (Keicho Sanriku Tsunami).

「津波の後、私は津波の怪物にとても悔やんでいて、なぜこのような悲劇が起こったのか、何とかして知りたいと思った。市の図書館は津波で流されていた。すべての歴史的文書が消え去っていた。町の書店はすべて破壊された。インターネットだけが唯一頼れる道具だった。私は何かに取り憑かれたように過去の津波のデータを調べた。そしてかなり昔、ここには大きな津波があったことを知った。これは注目に値することだ。仙台管区気象台のデータによれば、１６１１年の慶長三陸津波[1]で、50人の人が亡くなっていた。」（Sato 2017：22頁、日本語訳は筆者による）

さらにこのようにして店を再開し、被災地の調査をするだけでなく、津波から避難した経験と陸前高田の津波による被害、またその後の復興過程を記録した英語手記 *The Seed of Hope in the Heart*（『心の中の希望の種』）を執筆しています。上記の引用もこの本によっており、手記は現在第5版まで出版され、発災から11年が経った現在も改稿は続けられています。この手記をきっかけとして、外国人記者等との交流が生まれ、さらに英語のみならず、交流が生まれた台湾やスペインの言葉でも、佐藤さんはこの記録を記し出版しています。中国語やスペイン語も、佐藤さんは震災後に独学で学んだそうです。

英語を専門的に学んだわけではなかった佐藤さんが被災の記録を外国語で記したのは、起こった出来事を記録に残そうとしても、日本語だと生々しい記憶が呼び起こされ、辛くて書くことができなかったからでした。それでも、佐藤さんは記録を残しておかなければならないと考えました。あまり馴染みのない英語ならば、距離を置いて震災の出来事を記録することができるかもしれない。そう考え、彼は英語で震災の記録を書くことを続けたのです。以下では *The Seed of Hope in the Heart* の記述を中心に、佐藤さんの経験から考えられる風景と記憶の関係について述べてみたいと思います。

風景と時間

2011年3月11日の津波によって、佐藤さんの日常からは、それまで親しんできた陸前高田の町の風景が突然目の前から消えました。そしてなんとか津波から逃れ生き残った佐藤さんの前には、津波以前に陸前高田の人々が作り出し、共に生きてきた風景が失われた、陸前高田の大地が現れました。彼が記した震災の記録を読みながらその光景を想像し、筆者にはそれがまるでその土地の時間が止まったように、あるいは時間のあいだで宙吊りにされたような印象を受けます。

風景について論じた著作の中で写真家の港千尋は、東日本大震災後の風景と時間について、以下のように述べています。

廃墟は英語でruinだが、この言葉の語源には「崩れる」「倒れる」というような、急激な変化を意味する言葉が含まれる。日本語では「ご破算」の語感に近いかもしれない。持続していた物事が一瞬停止し、別の状態に変わってしまうという意味である。震災直後の被災地で多くの人が感じたのは、流れていた時間の「切断」であった。

震災後の風景とは、その切断面に現れた何かである。それを総合的に理解するのは容易なことではないが、風景を空間的な概念としてとらえていただけでは見えてこない。この場合の切断面とは、何よりもまず時間的な切断面のことだからである。（港　２０１８：23－26頁）

人間が通常の生活を送っている場所では、それぞれが相応の時間の積み重なり、つまり歴史をもっています。とはいえその日常が揺るがされることなく、一定の方向に向かって進んでいる場合には、そのようなことに目を留めることはあまりありません。昨日までの時間と今日、そして明日の時間は連続し、時に過去の歴史を知識として学ぶことはあっても、それは目の前の日常の時間的連なりに埋もれて後景化し、切実に身に迫ってくることは少ないからです。

しかし陸前高田をはじめ、東日本大震災により壊滅的な被害を受けた地域では、震災以前の時間の連続性を感じさせる人工物や自然による風景の多くが破壊され、瓦礫となり、流され、消えました。それまでの時間的連なりが、突然断ち切られたのです。港が述べているように、風景の切断とは、その風景とともに持続する時間の切断でもあったのです。そしてそこに現れたのは、以前の町に留められてきた人間的な気配の消えた、あるいは「風景」の消えた、剥き出しの自然ともいうべきものでした。

再び見出された時間

The Seed of Hope in the Heart を読んでいると、あるいは『息の跡』を見ていてもそう感じますが、時間が中断された、この世界の内でありながら外であるような場所で、佐藤さんが一人、震災後の大地の周囲の手触りをたしかめているような印象を受けます。彼は流された町の土地に残った江戸時代の石碑や、津波に耐え、その後腐食して伐採された木の年輪、またプレハブ店舗を再開する際植物を育てるため井戸を掘り、その地層に見えた痕跡等から、東日本大震災の直前まで町を作り上げてきた人々の時間よりももっと前、高田（佐藤さんは郷里の土地をこう呼びます）の地に生きた人々の跡を見出していきます。

文字資料や管理された人工物とは異なる、陸前高田の土地に刻まれていた先人たちの時間は、直接的に佐藤さんに触れました。剥き出しとなった自然の中に、その時間が包むようにあることで、風景が失われよそよそしくなった世界は、いくぶんか近しいものになるようでした。過去の異質な時間との接触は、震災後の時間、中断してしまった時間をわずかに前に押し出し、動かすようでした。それらの先人の足跡は、震災以前の佐藤さんの記憶を宿していた風景が失われた後、土地に残された痕跡を介して、個人の経験より前の時間、より時間軸の広い土地の記憶(2)に佐藤さんをつなげ、震災以前の風景の中に存在していた人間的手触りをすべて失ったように見えた震災後を生きる陸前高田の人々に、剥き出しの大地の下からあらわれ、歩みに寄り添い、励ましを与えるようでした。

このような佐藤さんの歩みは、震災以後の陸前高田の時間を、より深い時間の流れの中に接続する行為と捉えることができます。東日本大震災までの町が形成していたよりももっと前の時間、流される以前の町がその上に拠って立っていた時間を知ることで、町の相貌そのものは変わってしまう中でも、人々が再び風景を見出しかかわっていくための取っかかりとも呼べるものができたように感じられました。剥き出しの自然はよそよそしく、人間が時間的な流れの中にあるものとしてかかわることは難しいですが、風景と共にある記憶は、そのような基点としての役割を果たすように思われるのです。

佐藤さんの英語手記に記された震災経験を通して、風景はその中で生きる人間が過ごしてきた時間を何らかの形で留めおくものだということ、その風景を喪失したとき、人は自分自身の時間をも喪失したように感じること、しかしそのような場合においても、より深く風景に埋もれた痕跡の中に見出される土地の記憶、より深い時間の流れに自らを位置付けることで、人間は再び時間を取り戻し、新たな形で風景を見出すことができることを知ることができます。

3 持続する風景から——鳥取市河原町西郷地区

2つ目の事例は、筆者自身の経験に基づいています。筆者自身が体験した郷里への大型風力発電施設建設計画に対する反対運動を通して、風景について考えた経験をもとに、風景と記憶の関係について考えてみたいと思います。

近年、地球温暖化に対する対策として温室効果ガスの排出削減が世界的に目標とされ、日本でも政府が「カーボン・ニュートラル」の政策を掲げ、固定価格買取制度（ＦＩＴ）を設けることで再生可能エネルギーによる発電割合を増加させようとしています。しかしそれを利用し国内外の大資本が投機目的で大型の風力や太陽光による発電所を建設する計画を発表し、各地域の住民はその計画による環境や健康への被害の懸念から、反対運動を起こす事例が相次いでいます。(3) 筆者の郷里である鳥取市南西部の河原町西郷地区等の山間部の尾根においても、外国資本による大型風力発電施設を建設する計画があることが、２０２０年８月の新聞報道により明らかになりました。(4)

開発計画への懸念と躊躇

鳥取県内では、その後上記の計画に加え、同一事業者による県西部の計画、また鳥取市青谷町での別事業者による計画(5)の計３つが存在することが住民に知られました。風力発電自体は環境に負荷の少ない再生可能エネルギーとして筆者自身好意的なイメージをもっていましたが、計画が外資系企業による投機的な性格が強いものであり、風力発電用風車の設置は住民生活や環境への影響が大きいにもかかわらず、その点への配慮が見えにくいこと、また地権者以外の地域住民に対して計画が秘密裡に進められていたことから、筆者はこの計画に懸念をもつようになりました。この計画が進むに任せておけば、健康被害や土砂崩れの危険等住民に大きな影響が及ぶとともに、郷里の風景が大きく変化し、損なわれることは明らかと思われました。

新聞報道等をきっかけとして、地元地区ではこの計画を問い直そうとする住民の動きが生まれつつありましたが、(6)計画が浮上した筆者の郷里では何事も周囲に歩調を合わせようとする雰囲気が強く、筆者自身この計画に強い懸念を抱きながらも、地区から感じていた同調的な空気に抗えず、当初は反対の声を上げることも諦めようとしていました。実際にどの程度計画に賛同する意見があったのか定かではないのですが、すでに決まったことであるかのように計画の存在は筆者の周囲に伝わり、それに反対することは大それたことであるような、既存の秩序を脅かす者という烙印を押されてしまうような雰囲気を感じました。

このように筆者がすぐに行動をとることができなかったことには、ふたつの原因があったのではないかと考えています。ひとつは、村の風景の時間感覚に関わる問題です。計画の反対運動に加わるまで、筆者にとって自分自身が生まれ育った風土と幼い頃から見知り、育ててもらった年長者との関係は不変で、その関係が風土とともに固定され、村の風景もずっとこのままであるように感じられていました。だから大型風車が山の上に20基近く林立することで村の光景が全く変わってしまう状況を、論理としては理解できても実感を伴った想像をすることができず、そのような状態で村の年長者たちに計画に反対する意志を突きつけることが、何か自身では責任のとりようのないことに感じられていました。それは結局のところ、自身も村の今後を作り出していく主体の一人であるという認識をもてていなかったということなのですが、そのように意識するための時間感覚、故郷の風景の中で未来に向かおうとする感覚が、筆者には欠落していたように思うのです。

もうひとつは、反対を掲げる際の主体性に関わる問題です。風力発電の計画に反対するには、筆者個人のためというより、個を超えた「地域のために」という表現で語らざるを得ない面があるのですが、そのような個人を超えた大きな主語で意見を語るのが、どうも実感が伴わないというか、切実さにおいて嘘をついているような感覚におそわれ、躊躇していました。自分自身の存在を、地域というより大きなものと結びつける何かが、自身の中にはないと感じられていたのです。このような理由から、筆者は郷里の光景を損なってしまうかもしれない大型開発計画に対して、懸念を感じながらも反対の意思を表明することができずにいました。

風景と異なる時間の想起

しかしそんなとき、懸念と躊躇の入り混じった気持ちで地元西郷地区の旧公民館の辺りから村の谷を流れる川沿いの風景を見ていて、辺りの匂いや光、音を感じたとき、幼い頃、祖父やその頃知っていた大人たち、同級生と過ごした頃の記憶が不意に思い出されました。祖父はこの計画が発覚する少し前に他界しており、晩年には元気だった頃の祖父の姿を思い出すこともなくなっていたのですが、幼い頃祖父が公民館長をしていて、筆者自身も連れられて公民館へ行き、祖父の主催する版画教室で版画を習ったり、学校が終わった後保護者たちが開いていた児童図書室に同級生と行って遊んでいたその頃の記憶が、ふと現在の自分に到来するように思い出されたのです。

自分はその時間、その風景が好きだった。そのような記憶のとどめられた風景が失われつつあるのに、現在の大型風力発電計画を見過ごすことは、記憶の中にある目の前の光景を大切に思っていた幼い頃の自分に対して、嘘をつくことになるのではないか。そのような事態を見過ごすとしたら、自分とは一体何なのか、自分にとって本当に信じ、守るべきことなどあるのだろうか、そんなものなどなくなってしまうのではないかと思われました。そしてその風景は、自身のみならず、記憶の中で時間を共にした人々も、大切に思っていたはずのものでした。

記憶の中にある風景は、今も目の前に続いています。それを今声を上げれば、守ることができるかもしれない。仮にもし止められなかったとしても、自分自身を喪失することはない。そう思い、筆者は計画に対する地元住民たちによる反対運動に参加しました。その活動の影響もあり、地元西郷地区全体で計画に反対の意思表明をすることができ、事業はその後進行していません（2022年11月現在）。このとき、自分自身が郷里の風景についてもっていた記憶によって、筆者は〈地域〉というものと、自己の深くからつながれたのではないかと思うのです。

日常の中で途切れなく連続する風景は、それを客観視し、異なる未来が到来する可能性を想像することが難しい面があります。しかし目の前にある風景が危機に瀕したとき、その風景から想起される過去の記憶は、固着した現在の時間秩序から筆者自身を引き剥がし、別の時間秩序に触れさせました。それは現在の自己が陥った状況に対して外的な視点をもたらし、筆者は周囲への同調的雰囲気から離れ、一人で問題と向き合う視点に立つことができました。想起された記憶による視点はまるで、孤立を感じていた筆者自身が行動することに向けて背中を押すように、自分自身の同伴者のような存在として感じられ、孤立しながらも行動するために依拠できる場所となりました。

このように風景と共にある個人の記憶は、前節で述べた震災後の陸前高田の事例とは異なり、過去から持続する風景の中で、持続していた現在とは異なる時間に想起する者を触れさせ、そうすることで現在の風景に新たな息吹を吹き込みました。そしてさらにまた、風景の中にある個人の大切な記憶は、記憶する者自身の重要な一部となり、記憶を介して個人と風景をつなぎ、個人が風景あるいは地域に対して働きかける力となったように思います。

4 風景の記憶とレジリエンス

ここまで見てきたように、陸前高田の佐藤さんの事例からは、風景の中には時間（記憶）が留められているということ、そして従来の風景が失われたとしても、土地に残された痕跡から土地の記憶を見出し、より深い時間の流れに到達し、そこへ自らを位置付けることで再び世界の中で安定して生きることができること、つまり風景が一度失われたとしても、それを「再生」できることがわかります。

他方、筆者の郷里である鳥取市河原町西郷地区の事例からは、持続する風景の中にあって、その同じ風景の中で他者と共にした過去の時間が確かにあり、今も何らかの仕方であると認識することで、過去の想起が現在に別の時間秩序を導き入れ、外的／客観的視点を与えます。それによって固着的に存在していた風景と人間の関係に新たな時間を吹き込み、目の前の風景を未来の視点、普遍的な視点から見据えるきっかけをつくると見ることができます。こちらも現実には同じ光景がありつつも、風景に対するかかわり方が新たになったという意味で、風景の「再生」といえるのではないでしょうか。

そしてこの両者の事例は、風景と共にある記憶を想起させることで、風景の中で生きる人間が何らかの危機によりそれまでのように世界と関係が結べなくなったとき、新たな世界との関係の仕方を作り出すための源泉、依拠する場所となっていると見ることができます。

風景と共にある記憶がそこで生きる人間と密接に関わっており、風景と人間を再生させる力をもつことは、そのような記憶の想起が、人間の存在に息を吹き返させ、支える力、レジリエンスにつながることを示しているように思います。そこで暮らす人々が個々の大切な記憶を積み重ねられる地域であること、また人々がその歴史（記憶）に関心をもつ場所であること、つまりその場にかかわる人々がその地域の記憶の在りようを疎かにしないことは、個人が主体性を発揮するレジリエントな地域をつくるために、重要な要素であると筆者は考えます。

注

（1）1611（慶長16）年に発生した地震による津波。揺れは江戸を含む広い範囲で感じられ、東北地方では福島県北部から北海道東部までの広範囲で津波の被害があり、多数の犠牲者を出した。

（2）客観的に残された時間の痕跡を「記録」と呼び、それに対して人間の主観の中にある過去の時間を「記憶」と呼ぶならば、土地に刻まれているのは記録ですが、それを通して現在を生きる人々の意識に過去の人間の生きた時間が喚起された場合、それは過去の時間を現在に生きる個人が想像し思い描くという点で、単に記録というだけでなく記憶ともなっていると考えることができます。そこでここではそのような佐藤さんによって発見された土地に刻まれた痕跡を、「土地の記憶」と呼んでいます。

（3）大規模風力発電の問題点をめぐる次の記事では、各地域で大型風力発電計画に懸念を抱く人々が集まり問題点について意見を交わしています（長周新聞2022年5月24日「風力から命を守る全国協議会結成 国の政策変えるネットワークに 地域のエネルギーのあり方も提言」 https://www.chosyu-journal.jp/shakai/23585）。

（4）「（仮称）鳥取風力発電事業」。シンガポールに本社を置く「ヴィーナ・エナジー」の日本法人「日本風力エネルギー」が2017年に環境影響評価（環境アセスメント）の配慮書を提出した、鳥取市南西部の山の尾根に1基4500kWの大型風車を28基設置する計画。記事は2020年8月21日の日本海新聞に掲載されました。

（5）このうち青谷町の「（仮称）鳥取市青谷町風力発電事業」については、資材価格高騰などにより事業者である「自然電力」が2022年9月に事業の中断を発表しています（日本海新聞2022年9月30日）。

（6）西郷地区住民有志による「西郷の風力発電を考える会」が発足。またその後2020年12月には、いなば西郷むらづくり協議会と西郷地区部落長会、西郷小学校PTA、西郷保育園保護者会が連名で、風力発電計画に反対する決議文を鳥取県と鳥取市、事業者宛に提出しました。

参考文献

いわて震災津波アーカイブ 希望 http://iwate-archive.pref.iwate.jp/higai/（２０２２年10月22日アクセス）

港千尋（２０１５）『風景論 変貌する地球と日本の記憶』中央公論新社

nashinoki（２０１８、２０１９）本棚帰郷 ＃９～15『The Seed of Hope in the Heart』ウェブマガジン・トット https://totto-ri.net

Sato, T.（2017）*The Seed of Hope in the Heart*, 5th edition

第6章

文化を創出する力

――歴史生態学からのレジリエンス再考

藤原成一

レジリエンスが必要とされるところは、自然、環境、社会、コミュニティ、そして個人で、それらの回復・成長・新生を促すものとしてのレジリエンスという見方が一般的です。本章はその常識を逸脱して、歴史のなかにレジリエンスによる新しい状況づくりや文化創造の跡を検証し、レジリエンスの意義の拡張をはかる試みです。自然・社会・人間という基本の分野に加え、歴史のなかに、歴史を動かし変える力として、レジリエンスを解読する試み、レジリエンスの異解です。

1 はじめに――不本意な世に耐えて生きる

「先生は一体何を為《す》る気なんだろうね。小母《おば》さん」

「あのくらいになつていらつしやれば、何でも出来ますよ。心配するがものはない」

「心配はせんがね。何か為《し》たら好さそうなもんだと思ふんだが」

夏目漱石『それから』の冒頭からすぐのところ、主人公長井代助の家の書生と婆やとの会話です。先生と呼ばれる主人公は定職につかず、親の援助をうけてぶらぶらしており、友人からなぜ働かないのかと尋ねられると、「何故働かないかつて？　そりや僕が悪いんぢやない。つまり世の中が悪いのだ。……日本対西洋の関係が駄目だから働かないのだ……日本国中何処《どこ》を見渡したつて……悉く暗黒だ……」

日本の政治社会状況を批判し、働くに価しない社会に参加することは不誠実だと弁解します。自分が容認できない社会に生きざるを得ない場合、その不本意の社会で働くことはその社会を容認することとなり、自家撞着となります。代助の生きる時代、明治の中末期は、強引な日清・日露戦争の勝利で増長し、政財界や軍部はもちろん国民も浮薄な近代化と富国強兵路線を突っ走る時代で、内実の未熟なままに外面の虚栄に奔る社会に参加することをよしとしないのが代助の生スタイルです。

『それから』は日本の近代文学には稀れな社会批判・文明批評を色濃く込めた恋愛小説の傑作です。『吾輩は猫である』以降、時代の現実に批判的に向き合ってきた漱石の文明観・政治社会体制観が代助を通じて湧出しており、暴走する政治社会と文明の路線下、どういう生スタイルをとるかは漱石自身の問いでもありました。納得できない社会に参加し場を得ることは、それに協力することで、自他に誠実な者の生スタイルではありません。近代化の実態に根本から疑問を抱いていた漱石は、そこでの生のありようを問いつづけ、代助にも自らの思いの一端を仮託したのです。代助は社会参加を拒否することで時代の実相を冷静に批判的に把握できました。不服従の傍観者、時代の落伍者が、不本意な体制に向き合う代助の生スタイル、忍耐と抵抗の処世でした。

虚偽と不誠実にまみれた政治社会体制に耐え、我慢し、時を待つ。外に向かって批判し内に自省しつつ、自分を練り、時を待つ。そういうレジリエントな生のスタイルはいつの時代にも憧れられ、かつ実践されてきました。社会や国家という体制にとり込まれて生きざるを得ないとき、人間と社会との間に摩擦・葛藤は避けられません。多くは体制内安定に甘んじ、見える者・見ようとする者は摩擦を感知し、社会体制と批判的に向き合おうとします。耐え、忍び、自他を検討し、じっと方向を模索しつづけるレジリエントな力が、陰に陽に、個々の人間に、集団や共同体に、働きかけてきます。レジリエンスは共生関係に生きる者に必須の力であり、自分を問い自分を生かす生来知、生維持の本有知です。

レジリエントな力は不本意な政治社会体制におかれたとき、多様な形で表出されます。代助は「何もしない」という消極姿勢で状況に耐え、時代の虚偽に抵抗し、自らの誠実の生を表現しました。革命や転覆を画策する地下グループ、獄中にあって転向を拒否し時を待つ者、被差別に耐え抵抗しつつ解放への道を探りつづけるサークルなど、レジリエンスは強烈な表現ともなれば代助のような消極的表現ともなり、歴史のなかに多様に展開します。

たとえば代助スタイルは、すでに平安時代の都の不平不満の貴族層が実践済みでした。藤原氏による摂関体制が固定してゆくなか、その体制を容認できず、また排斥された氏族は、体制内に在ることを拒否したり、そこから逃避したりしました。「何もしない」ことを選び、自らを体制から排除される者、体制の「無用者」と見つめ、最小限度の参加をするか、自ら体制から逃走し隠遁します。そういう自分の潔さを示す処世が不遇貴族層に拡がりました。彼らは体制を冷ややかに見つめ、体制や規範に縛られずに生きようとします。世のなかから排斥されるとせず、不本意な世をこちらから拒否して生きようとします。体制内につきものの俗塵俗臭を排し世俗を捨てて、納得できることだけ、私事だけをします。状況を耐え忍びつつ、自らを楽しむ行為を、自らを「わびる」として肯定する生き方です。「わびる」とは身ぎれいになって、よけいな俗事や社会的参加をしないことで、当然ながら、名聞利養は遠ざかり、乏しく貧しくなってゆきます。貧しさを噛みしめるのが「わびる」ことで、それを自覚して生きるのが「わびびと」です。「何もしない」消極的なレジリエンスの生スタイルが「わび」の生、「わび」の美学を生み、変じては「わびの茶の湯」ともなりました。「わび」の生と美学は、社会体制への批判者・こぼれ者によって、失意や困窮をかみしめる辛抱強い我慢のなかから生み出されたものでした。因みに日本独自の美学とされる「みやび」「わび」「さび」、さらには「花」「幽玄」「粋」「いき」など、華やかなものにも憂い、屈折、陰翳があり、忍び耐えること、じっと失意をかみしめることはすべての美意識にかくし味のようにひそんでいます。勝者面《づら》で表街道を行くところに美学は生まれず、生の表裏をわきまえた裏や脇の道を行くことで、味わいある美学、美意識は練られたのです。無用者と自分を見なした『伊勢物語』の「昔男」の生スタイルのかもし出す風合いです。主流の体制に背を向け、あるいは主流から排除されて、失意をかみしめ耐えつづけるレジリエンスは、古代から今日まで、しなやかな生スタイルをつくるだけでなく、主流や通俗的なものを相対化する批判的美意識をもしたたかにつくりつづけました。

2 歴史のなかのレジリエンス表現

レジリエンスということばの再生・新生が多分野に見られます。なぜでしょうか。新しい思想や方法、それらに伴う姿勢は、誠実に時代・社会・現実に向き合って生きようとするとき、時代や社会の現実そのもののなかから生まれます。時代・社会を批判的に見つめれば、代助と同様、現実の実態の気づきとなり、気づきはその実態を乗り越える独自の考えや方法、生のスタイルを練り上げていきます。いまこの現実とどう向き合うか、この一点を誠実に問いつづけるとき、思想も方法も姿勢も再生し新生します。レジリエンスもこういう時代の要請のもとに、新しい装いと方法をこめて多くの分野から甦ったことばです。どの分野でも現実を直視すれば問題はつぎつぎと出来《しゅったい》します。原発事故も含め大災害に耐え、くじけず、修正的復活へと励む人びと、障害やトラウマに悩み耐えつづける人たちを見守る精神医学や心理学、臨床医学や教育学、劣化した自然、森や河川を見つめ、自然の自生力と協働しつつ、その劣化を防ぎ、再生・創造への方向を問いつづける自然学や環境学、衰退した地域コミュニティの復活・新生を住民ともども試みつづけ、社会の意味の今日的修正をはかる社会学や福祉学等々、どの分野にもレジリエンスという普通名詞は期待をこめて掲げられ、冷たいシステム管理社会へのカンフル剤として、学問分野から社会運動、市民運動にまで広く浸透しつつあります。分野によってレジリエンスにこめる意味も多義、用法も多様です。ここでは生存科学研究所の自主研究「森とレジリエンス」（代表＝清水美香・京都大学准教授）の参加メンバーの立場から、そこでの共通諒解の意味をベースに考えることとします。

レジリエンスとは「状況変化を重視し、短・中・長期的な視点から、社会に散在する点を結び、……予測しないことが起きても、逆境にあっても折れない環境を生み出すこと」（清水『協働知創造のレジリエンス：隙間デザイン』京都大学学術出版会、２０１５）です。この見方は森の自然再生力と人間の協働力による組織・地域・社会の再生のための基本姿勢で、本章ではさらに一般化し、「大きな変化や逆境にあっても折れない環境を創ること」「困難な状況にあって、耐え、工夫学習し、経験を積み、しなやかに回復する力、成長してゆく力」という意味で用いることとします。

歴史にはときに特異現象が起こります。主流を離れて亜流・傍流が生じたりもします。個人の生においても都《みやこ》や国家においても変異が生じることがあります。正統や伝統や体制から排斥され、あるいは自らそれらから逸脱し逃避し、逆境に耐え、不遇に抗し、もがいているうちに、歴史の流れからはずれ、体制とは異なったもの、主流を嘲ける現象がおこることもあります。歴史においてレジリエンスはどう機能するか。ここでは歴史のなかの一部門、文化表現に絞って、しかも周知の事例から一瞥してみます。不本意な体制や主流への抵抗、そこからの離脱、主流への挑発、そして創造としてのレジリエンスに限定しての歴史解読です。

3　後白河院と今様文化――源平騒乱期のなかの生スタイル

後白河院は1127年、鳥羽上皇の第四皇子として誕生、雅仁親王宣下。資質の上からも立場からも、当人も周囲も、天皇となることなど期待もせず期待もされず、成長しました。十余歳から白拍子や旅芸人の歌う世俗歌謡の今様《いまよう》に親しみ、宮中でひねもす、さらに夜を徹して熱中しました（図1）。宮中に俗曲が流れ、芸達者たちが出入りするという異常の空気が漂います。熱中のあまり喉をこわし素湯《さゆ》も飲めないことが何度もありました。そんな少・青年期にあって帝王教育を受けること無かった雅仁親王に思いがけない事態が生じます。当時としては異例の高齢29歳のとき、鳥羽法皇や関白の謀《はか》らいにより、暫定的対策として後白河天皇が践祚《せんそ》、当人も驚き周囲にも風波が立ちました。

翌1156年には早くも保元の乱を招き、後白河天皇と兄の崇徳上皇の対立に、摂関家藤原家内の対立や源氏平氏の覇権争いを巻き込んでのクーデターで、後白河側は関白藤原忠通、平清盛を擁して実権を掌握、天皇親政に意欲を見せもしました。3年後には自らの皇子二条天皇に譲位し、上皇として院政を始めます。宮廷内の対立、藤原家や武家の拮抗はつづき、平治元（1159）年、またしても乱が画策され、後白河上皇と手を組んだ平氏の全盛期へと展開します。しばらくは清盛との協調空気もありましたが、上皇が政治に意欲を示すとつねに平氏と対立し、清盛によって幽閉される事態も

図１「七十一番職人歌合」より、白拍子（右）と曲舞々

招き、双方の反目から離反へと至ります。平氏全盛を見るにつけ打倒平氏の気運もおこり、上皇はその使嗾《しそう》もし工作もします。宮中・貴族・武家の思わくの錯綜するなか、１１８０年、源平の争乱となり、都に東国の武士が入り込んできます。木曾の源義仲との対立から、院御所法住寺殿が焼打ちもされます。以後、源義経と手を結び、鎌倉の頼朝とも交渉しながら、平氏滅亡後は源氏の勢力地図をうかがいつつ、義経に、頼朝にと立ち位置は揺れ動きつづけました。

保元の乱は、「武者《むさ》の世」の到来と公卿貴族を嘆かせました。後白河は天皇から上皇へと身分を変え、42歳で出家、法体に姿を変え法皇となります。上皇・法皇としての院政は二条・六条・高倉・安徳・後鳥羽天皇の五代、三十余年に及びます。「文にも非《あら》ず武にも非ず」と蔑まれ、「天子の器に非ず」と貶され、「愚王」と決めつけられ、のちには頼朝に「日本第一の大天狗」と評されるなど、後白河院ほど貶められる帝王は珍しいでしょう。帝王教育もうけなかった期待の外の人物が「治天の君」として、政治や宗教などあらゆる面での激動の世に三十余年君臨しつづけたのです。その間、武力に頼る源義朝や平清盛、木曾義仲、源義経、源頼朝と向き合い、脅かされつつも手玉にとり、知力を誇る藤原頼長や藤原信西らに近づき、また離れるなど、虚々実々にわたり合いながら、彼らが権力争闘の修羅場からつぎつぎと退場していくなかを後白河院は動乱も無視するかのように事もなげに生きつづけました。

後白河院にとって力を競い合う社会は不本意でした。苛立ちのあまり政治に介入しては武力あるものと対立し、権力の画策に奔っては謀略に辟易し退きます。政治や闘争に参入してはいつも苦い思いと怒り、憤りを覚えました。内にしこりを抱え、内外ともに重苦しい空気のなかで、どういう処世が後白河院を支え、長く「治天の君」たらしめたのでしょうか。

後白河院も力には力で応じ、権威で身構えることもままありました。しかし社会の転換期は権威も非力化し、構えはたいてい失敗に終りました。苦い経験、辛い思いを重ねるにつれ、現実を見る目も養われ、その実態も見えてきます。この現実はムキになって立ち向かい、身分や立場で身構えて対処するに足る舞台ではない、と気づいたとき、現実社会にあって自分という構えをもたず、相手に正体を見せない「無形の位」をよしとする生のスタイルが身についてきます。不本意の社会に自分の出番はなく、じっと世を見つめ、耐え、ときに嘲笑い、自らの好むことにふけり、自分の小乾坤にあそぶ、それが動乱期に処する後白河院の作法となりました。レジリエンスをベースとする開き直った「わびびと」の生スタイルです。

レジリエンスを心身に抱える「わびびと」を支えたのは、現実社会を超えた神仏世界との交流でした。歴代最多の34回の熊野御幸や、今熊野・新日吉の自前の神社づくり、千体仏と一体となる仏事法要、仏寺仏像づくり、諸寺諸山詣でなど、熱心な神仏への直参とみえて実質は神仏あそびの感がありました。この不本意な世を忘れさせ、相対化しうるのは神仏との語らい、神仏あそびでした。そこでは自分を意欲する必要もなく、無位にあそぶことができました。現実遮断あそびによってレジリエンスにさらに磨きがかかります。

神仏あそびよりも身体ごとのめり込ませてくれるものがありました。十余歳から心酔した今様です。今様とは白拍子や傀儡《くぐつ》、雑仕や賤民も含め、社会の下層にある遊芸者や遊女たちが、都鄙の往来のなかで習得し流行らせた新興歌謡で、法文歌や神歌など宗教歌謡も含みますが、都鄙の流行や風俗をはやすもの、庶民の心のうちを吐露するものが多く、和歌などの主流文芸にない響きと真情で迫ってくる芸能です。

後白河院は、江口や神崎など宿駅に屯する遊女や芸人で今様の名手と聞けば招聘《へい》し、直接に口うつしに習いました。歌唱を習得するだけでなく、都や諸国に伝わる古歌やはやり歌をあらゆる手を尽して集め、歌唱をマスターすると同時に、それを記録し、今様歌の集大成をはかりました。清盛による幽閉中も、逆境に耐え自分の領域にあそぶ格好の機会とばかり、編集に努め、さらに自らの研鑽をもとに今様の歴史・伝承・歌唱法など今様指南を書き下ろしました。今様の集大成『梁塵秘抄』全20巻です。20巻は『万葉集』と『古今和歌集』など勅撰集の20巻構成を意図的にかつ挑発的に踏襲しようとするもので、無視されてきた芸、蔑視されてきた歌謡の集大成で、官製の主流の詩歌集に対抗しようとする意図も露骨です。前半10巻は今様歌の集成、後半10巻は「梁塵秘抄口伝集」で、歌唱修習と自伝を重ねた自著です。貴族社会の正統文芸＝和歌に対し、弱者としての下層社会のなまの声と心の表現＝今様の自立宣言であり、貴族たちの人工的文芸への下層民たちの心身を張っての野卑な口承文芸からの挑発です。ここに初めて下層社会の声が時代の歌謡、社会のなまの声として記録され、中央社会に位置づけられました。正統にこだわる伝統文化に対する「いま・この時代」と共にある「今様文化」の提唱です。

後白河院は今様の正しい位置づけのためには地位や身分を無視・超越した修練も重ねました。美濃青墓に今様の本筋を守る名手乙前《おとまえ》が存命と聞いて、70歳を超えてもう歌わないと固辞するのを説き伏せ、御所近くに住まわせ、十数年、一対一の修練を受けます。そして乙前の臨終に際し、自らの研鑽成果を歌って聞かせ、乙前から今様の本道を継ぐものとの印可を受けます。乙前の直継直弟子となり、今様の本道継承者となったのです。本来立つべき和歌文化や政治世界の正統に立つことを否定し、見放されていた芸能、今様世界の帝王となり、賤視されていた下層民たちのなかに入って彼らと声を共にして今様文化の頂点に立ったのです。気どった人工的主流文化でなく、身心を開放する野性味ある芸能文化の帝王として、後白河院は動乱期に耐えつつ、しなやかに、かつ強烈な意志を貫いて、時代を導き歴史を変えたのです。レジリエンスは、自己を見つめ、研鑽し、時代を見つめるとき、時代と社会の求める文化を創造しえたのです。

後白河院は不本意な体制内よりも体制外の世界に共感し、そこに自らの立ち位置と生スタイルを見出し、体制内君主をなげやっても、体制外世界の帝王となることを選びました。なまの人間・なまの声を知り、そこにこそ自分を自在にあそばせることができました。当時、法然上人が専修念仏を提唱し、都を中心に鄙にも浸透しつつありました。無力な庶民層が救いを最も易行の念仏に託したのです。法然の念仏と拮抗するように、後白河院の主導する今様も心の発散としての念仏とうつり、救いの念仏として唱和されていきます。今様念仏の輪の中心に音頭をとって高唱する後白河院の姿がありました。芸の力によって体制内社会からの離脱を誘いかける念仏です。自らを武家時代・伝統貴族社会のはみ出し者・踏みはずし者とし、体制外に生きる人たちを心許す同志とし、のめり込む対象を、主流から蔑視・排除されてきた今様とし、体制の枠外を最ものびのびできる生のグラウンドとする、それが後白河院のレジリエンスの所産でした。

なお後白河院には年中行事絵巻づくりや諸国珍宝集めのような正統めかした挑発もあり、それらも己れを自在に生かす別乾坤づくりの一環で、そのための生スタイルを促したのがレジリエンスでした。

4 足利義政と東山文化――応仁の乱のなかの将軍の処世

わが庵《いお》は月待山の麓にて　かたむく空の影をしぞ思ふ

閑居隠世のための終《つい》の居所として造営された東山山荘（写真1）にあって、東求堂は、禅の道場と

写真１　東山慈照院（銀閣寺）の俯瞰景

しての西指庵と並んで、山荘造営の最初期に足利義政の思いをこめてつくられた建物です。堂内には阿弥陀仏を安置する持仏堂があり、その脇に四畳半の小さな書斎があります。そこは不本意な世に耐え、病いを忍び、自らを慰撫し、禅僧や同朋衆たちと俗界を忘れて別業を営むところでした。名前も禅僧たちの諸案を斥けて、差別なくすべての人を平等に視、仁愛を施すという「聖人一視同仁」（韓愈）の句から義政自ら「同仁斎」と命名。差別や排除、闘争にまみれた俗界を遮断し、俗事をしない清浄な書院としてわが国で初めて試みられた空間です。自分を見つめ生かす書斎です。義政は東山山荘づくりに騒乱期の晩年を賭けました。なぜ山荘にこだわり、その造営とそこでの営みを生涯の目標としたのでしょうか。幼少期から壮年期までになめた苦い思いや屈辱、耐えてきたトラウマの所産でした。

義政は六代将軍義教の次男として1435年出生、兄の七代義勝の死で8歳で家督を継ぎ、14歳のとき征夷大将軍となりました。父は嘉吉の乱で謀殺され兄は早逝、武断の将軍が求められる時期、幼少にしての将軍就任でした。義政は、都に初めて入った足利尊氏を初代とし、義詮－義満－義持－義量－義教－義勝と波乱含みでつづいたあとの八代将軍で、世代としては尊氏から五世代目です。武骨な田舎侍の足利氏も五世代目となると都に慣れ、都びと化していきます。義政はつねに初代の行業を意識し、とくに三代目の祖父、やり手の義満と比べられること多く、北山の金閣造営など祖父の所業をつねに意識しての将軍職でした。そこには野性味や武断力を残存する世代と、都文化に育った五世代目との間に、意識する以上の断層が生じており、依然として都風俗にあこがれる在京の守護大名や田舎武士たちの取巻きがさらに断層をきわだたせます。一族のなかでもすでに感性から考えや美意識までを異にし、並いる大名衆とも所業も考えも異にするところに義政は立たされていたのです。

一族のなかでの異質性、武士社会での異端性は、現実にあって摩擦を生じることが多く、トラウマとなっていきます。歴代の血は重圧となり、武家社会が居場所でなくなっていきます。表面は将軍職を務めながら、心中では政治に嫌気がさし、現実に耐え、忍びつつ、道楽やあそび、酒色に逃避することが自分を守る姿勢となってきます。外面と内面の断層、血筋の重圧などがトラウマとなって、義政の政治を非力にし、非力な政治力を批判され侮蔑され無視されることでトラウマは昂じていきます。父祖らとちがい、諸大名衆とちがい、我は都人士、都武家でしかない、そういう思いが、不本意のなかで進行し、さらに自ら納得できる生きかた、落着ける自分の居場所への志向はつのっていきました。

血筋について苛立たせるものは身近な存在、女性たちでした。自分で選べなかった父祖の重圧に悩み、こんどは自分で選べなかった女性、生母・乳母・正妻に生涯を左右されます。生母日野重子は日野家の権勢を背に義政の日常から政務にまで口を挟み、将軍づくりに励みます。母子関係は温かくなく、生後すぐ預けられた乳母おいま（今参局）とは、のちに年齢差をこえて妾妻に入れるほど親密関係がありましたが、生母と正妻との讒言《ざんげん》によって、おいまは自決に逐いやられます。20歳のとき筋書き通り日野富子と結婚、次将軍誕生へと姑重子は干渉をつづけ結婚生活は甘いものではなく、女たちの画策は義政に女性トラウマとなり、内に耐え忍ぶレジリエンスとなっていきました。

24歳のとき今参局の自死、28歳のとき重子没、30歳で待望の嗣子義尚出生、32歳のとき応仁文明の乱勃発、十余年に及ぶ動乱期、富子との間も維持されましたが、富子の政治介入、関銭による蓄財、新宗教への接近などに辟易、さめきった関係を断って別居、46歳にして義政は小川御所を出て岩倉に隠退しました。隠退しても山荘地探しと構想練りはつづき、47歳、東山山荘の造営を始めます。翌年には山荘に移り、自ら造営を指揮し造営と共に生きました。

さらに山荘づくりと隠栖へとかりたてたのは、本務である将軍の立場から生じる重圧と自戒でした。将軍の周辺は諸大名の欲望や打算が渦巻き、将軍としての決裁が求められます。政争の魂胆が見えるにつれ、人間の貪欲さ、愚かさ、不潔さが迫ってきます。応仁文明の乱はそれらの集中的表現と映り、政道からの逃亡は切実な祈念となりました。義政の優柔不断が乱の一因ともなり、乱が長引いたのも将軍の指導力・決断力のなさによるものでした。大名衆からも貴族層からも無責任、無能力将軍と貶されつづけ、隠栖の思いはつのります。後花園天皇から失政を責められ、庶衆の苦しみに対応せよと叱られても弥縫策で逃げ、無力、無気力の自覚と、渦中からの逃走の思いは切実となってきます。後白河院同様、「将軍の器に非ず」「幕政を蔑ろにする」と非難かまびすしいなか、居場所づくりは何を措《お》いても喫緊の作事となりました。

課せられている将軍職や政道から逃げたい、身内や血筋、取巻き、自分を利用しようとする者たちから離れていたい。現実否定、現実離脱の願いは、自分の内心をつきつめていくにつれ昂じていきます。心身を解放できるところは居所の小川御所にはなく、山荘地探しのなかで見た西芳寺（苔寺）のような雰囲気のところでした。西芳寺のかもす空気、禅でいう境地こそ、わが願う居所である、として、乱に耐えつつ、山荘計画とそこでの営みはじっくりと練られていきました。

現実逃避、俗事遮断の山荘で何をするか、何をするための山荘か。現実を介入させないこと、現実とは全く別の約束事や意識で行うこと、すなわち風流韻事、文事芸事など「あそび」です。あそびに現実や現実の規範や意識は無用、現実の地位身分役割なども不用で、あそびの求める気分と約束事だけに従う超俗・非俗の行為があそびです。岩倉から帰り、東山山荘造営にとりかかりますが、乱後の窮状のなか、世の非難は強く、将軍の力も無力とあって、計画は縮小を余儀なくされます。作事に自ら参加し、庭づくりの河原者や諸々の職人たちと親しく話し合いながら、互いに学びつつ作事は進められます。初期に造られたのが心身をくつろがせ、発散させる居場所、東求堂であり、個室である書斎「同仁斎」でした。

くやしくぞ過ぎしうき世を今日ぞ思ふ　心くまなき月をながめて

東山の月待山の麓は月を見るにふさわしい地です。澄んだ月を眺めるにつけても耐えてきた来し方が悔しい思いで甦ってきます。同仁斎でひとり物思いにふけり、和漢の書を繙き、孤心を噛みしめ、また絵画や座敷飾りの指南役、相阿弥の床飾り棚飾り、立阿弥や台阿弥の立花を共に楽しみ、庭にあっては善阿弥と作庭法を語り合うなど、絵画、唐物、立花、茶、香、連歌等の各分野の指南役や同朋衆との風流韻事あそびは俗事俗界を忘れさせてくれました。そこに横川景三、亀泉集証、景徐周麟など禅僧も参加し、詩文を講じ、つくり、和歌連歌を主流とする文芸の上にもうひとつの文華のサロンを開きました。茶・花・香・食など日常の営みを洗練し異化して芸能化し、生活の芸術化、生活の文化化を促進しました。東山山荘の営みを特徴づける生活文化、生活芸術の構築です。さらに連歌や能や茶や香など寄合って座を楽しむ文芸芸事あそびでは身分を超えた一座の集まりが超俗時空間へと導きました。芸にあそぶことは俗にない別乾坤を構築することとなり、そこにひたることは禅で重視する遊戯《ゆげ》三昧境、身心脱落の脱自境に自他をおくこととなります。上下の差なく上手下手なく自在に我に戯れ、自他諧和する遊戯は、この世を超える別乾坤の作法です。ここに生活や日常の営みを芸術芸能化して楽しむ「生活文化」が「東山文化」の精華として結実していったのです。

前節に見た後白河院は、白拍子を師とし、一視同仁に雑芸人たちと交わり、今様文化を創出、雑芸世界の帝王へと変じました。足利義政も将軍として非難され政治家として軽蔑されながら、芸能の達者たち、ときには河原者とも一視同仁に交わり、最晩年、文事芸事の刷新の先導者と目され、生活文化という日本特有の文化、東山文化を演出・創出しました。ともに現実への不満、主流に対する批判と抵抗をバネに、非難中傷に屈しない忍耐と秘めた自尊心・自律心と、苦しいなかでも失わないあそびごころ、それらを一体化した生のスタイルが、主流や権威筋にない新しい文化を創造させました。レジリエンスは歴史においては屈折しつつこういう生のスタイルとなって、文化や状況をしたたかに創出することがありました。

5　後水尾院と寛永文化——徳川幕府の禁圧政策のなかで

修学院離宮（写真2）は造営の意図・思想・構造などすべての面において、わが国にある全庭園のなかで空前絶後、型破りの庭園です。庭園という見方、接し方ではとうていその真意・実相を知りえず、庭園を超えるもの、中国で古く試みられた特殊な共同体コムニタス、「塢《う》」です。何よりも他と質も姿も異にさせるのは、こういう造営をさせたもの、すなわち後水尾院の鬱勃たるレジリエンスでした。コムニタス理念による超庭園、塢とはどんな空間か、実際にまず離宮内を巡ってみることにしましょう。

離宮の表総門、丸太柱の門を入り砂利道を上って下御茶屋の入口、柿葺の御幸門に至ります。下御

写真2　修学院離宮
上御茶屋隣雲亭からの眺め。眼下に浴龍池、遠景に京の西山、北山が見える

茶屋は起伏のある園池で、飛び石の苑路や中島に配された袖形灯籠や朝鮮灯籠などを賞でつつ下御茶屋の中心、寿月観に至ります。樹木に覆われた裏門を出ると、閉じられた空間から開かれた空間へと、眼前に比叡の連山と、北山を遠景にして、その下に段々畑や棚田の農の近景がひろがっています。離宮のなかに農の景があり、季節ごとの農山村の営みが見られます。洗練の人工園池から自然景への転調であり、自然の営みも景とする新発想です。

比叡の山並みを見ながら中御茶屋への松並木をたどります。中御茶屋は後水尾院の皇女朱宮のために建てられた御所楽只軒を中心に、東福門院和子亡きあと女院御所の客殿を移築したもので、下と上の御茶屋の間にあって、脇道ながら離宮の一面を見せています。

中御茶屋から引き返し上御茶屋へと棚田の間を上ってゆきます。棚田の上の幾重にも重なる大刈込みをたどり、上御茶屋の御成門へ。門を入ると両側から大刈込みに挟まれた深山の峡谷の観を見せる閉じた空間となり、そこを上りきると離宮の最も高いところ、隣雲亭です。亭の前庭に立つと、足許の大刈込みの下に中島や万松塢、三保島を浮かべた浴龍池がひろがり、正面彼方に山端、松が崎、岩倉、鞍馬、貴船の山々、右手に遠く愛宕山から西山へとつづく山並みが見渡せ、京のまちも山々の間に見えます。借景庭園ではなく、雄大なパノラマ景をとりこんだ超庭園です。

隣雲亭はパノラマ景を前に詩想を練る板間の洗詩台と土間の小さな色石だけが作為の、装飾を排した簡素な建物です。隣雲亭から坂道を下り小さな渓流を渡り、浴龍池のほとり、木造の楓橋から中島にわたります。中島の茶屋窮邃《すい》亭を経て万松塢という島へ、石橋を渡ります。中島から対岸の堰堤へと土橋を渡れば、橋上から比叡山が望まれ、浴龍池に岬のように三保島が浮かんでいます。比叡を富士に見立てての三保松原です。離宮の中心浴龍池は比叡山からしたたり流れ下る谷川を堰きとめて造ったダム池です。15メートルもの高さの石垣を多様な樹木の大刈込みで覆った人工池が、時とともに自然の池へと化してゆく按配です。浴龍池は天子のシンボル龍の浴す池で、後水尾院そのひとの居所です。大刈込みの迫力を背に逍遥は終ります。

後水尾院は「忍」の生涯といわれます。慶長元（1596）年、後陽成天皇第三皇子として誕生。1603年、徳川家康江戸開幕。後陽成天皇官女と若公家との乱行が発覚、ここぞと幕府が介入、死刑・流罪の極刑を行います。引きつづき天皇譲位を巡って朝幕間は緊張、1611年、16歳の後水尾天皇が即位します。1613年に幕府は公家衆法度、紫衣法度を公布、1615年には禁中並公家諸法度を公布、朝廷監視の強化です。二代将軍秀忠は娘和子を後水尾天皇の正室にと画策、その間、後水尾の側室およつ御寮人に賀茂宮、梅宮が誕生、和子入内が紛糾するなか、公家の流罪もつづきます。ようやく1620年、和子が入内。幕府は天皇の外戚となって発言力を強めます。3年後には女一宮（後の明正天皇）が誕生。秀忠は上洛し朝幕間の融和につとめ、三代家光も華々しい上洛で朝廷と京の人心の懐柔につとめます。寛永4（1627）年、紫衣事件が出来《しゅったい》、天皇の勅許によって沢庵宗彭らの僧に紫衣が下されたのを幕府が反古にし、沢庵ら関係者を流罪に処した事件です。天皇を侮蔑し、その権威を踏みにじる幕府の強権発動です。天皇の機嫌と容体を確かめるため家光は乳母春日局を上洛させ、拝謁を要求します。一介の武士の娘が堂上人を騙《かた》っての参内です。紫衣事件、春日局参内、ともに天皇の権威を無視し、朝廷の慣行を蹂躙するもので、後水尾天皇の憤懣は忍耐の限度を超えました。春日局参内の直後、天皇はにわかに譲位。ときに34歳。翌1630年、中宮和子所生の明正天皇が即位。以降、後水尾は上皇、法皇として、明正・後光明・後西・霊元の四代の天皇の上にあって幕府と対峙しつづけます。後水尾の天皇在位18年間は、朝廷を監視し権威権力の弱体化をはかる幕府に立ち向かい、冒瀆的な幕府の禁中公家禁圧策にひたすら耐える期間でした。譲位という反抗意志表明の後は、上皇、法皇という身分を利用して、幕府を睥睨《へいげい》しつつ、自らの所存を生きようと開き直ります。その間、最も信頼した叔父八条宮智仁親王の桂川別荘の造営にも親しく接し、別荘という別乾坤づくりへの思いも具体化していきます。不本意な現実を忍び耐えつづけるのでなく、それを見下す超俗の乾坤を生の場とし、そこに自在の生を営むことが生のテーマとなったのです。レジリエンスの新生です。

譲位ののち、とり憑かれたように別荘地さがし、別荘づくりが始まります。京の奥座敷の岩倉盆地内の長谷や幡枝に山荘を営み、出家した娘の梅宮のために修学院の地に円照寺をつくり、そこに自らの山荘、隣雲亭もつくります。そして60歳のとき、円照寺のある修学院の地を山荘地と決め、思いと願いをこめて自ら構想し、設計し、造営に着手し、約5年を費やして下・上御茶屋と庭園を完成させました。その後は85歳での崩御まで20年間、年に4～5度、ときに9度、修学院山荘にあそびました。修学院山荘の造営とそこでの営みそのものが後水尾院の生涯を賭けたライフワークでした。

　修学院山荘にこめた思いと願いは何でしょうか。つもりにつもった憤懣、耐えに耐えた屈辱を裏返し、俗権幕府を見下《くだ》し、俗界を超越し、自らの所存を営むことです。俗界から超然としうるためには俗塵俗臭を感じさせない場所と結構が必要です。比叡山をとり込み、自然も、農業から風流韻事まで人間の営みもとり込み、自然界人工界が渾然一体と融和した超世俗の空間が求められました。従来の作意的庭園、人工的園池など念頭になく、山荘それ自体を俗界中の別宇宙、異乾坤とする、それが思いであり志でした。そこに幕府の制御や禁圧を超越した別世界を展開し、同志ともども自在に志をあそばせようというのです。古代中国の「塢《う》」の志と発想です。

　中国では動乱期、平地俗地の擾乱を避けて山林に隠れ、そこに「新しい郷」をつくる試みがありました。多くは俗世に不満の難民たちの試みで、その砦を「塢」と称しました。不本意な俗界を拒否し、不満をバネに志を集約した自分たち同志の砦、小城で、「自治・平等・平和を志向する共同体」、志を共有する「むら」です。理念を表現した王国、コムニタスが名山のなかに、名山をとり込んで営まれました。修学院山荘は中国古来のその「塢」の思想・発想・姿勢・構想を近世の都の外に、叡山をとり込んで実現させたものでした。董卓の造った大きな万歳塢の志を継承しとり入れたもので、「万松塢」の命名に後水尾院の大きな志を見ることができます。山荘には王侯貴族も農夫山人も行きかい、風流韻事も労働も営まれ、田畑とともに園池やあずまやもありました。農民から法皇まで「一視同仁」の自治と平等と平和をめざすユートピア的コムニタスが洛北の地に構築・創出されたのです。法皇のレジリエンスによるライフワークであり、浴龍池の塢主後水尾院の終の境地づくりでした。

塢では何が営まれるのでしょうか。後水尾天皇は譲位の前後からすでに、徳川家の無礼な態度と越権行為を耐え忍びつつ、俗権俗事に左右されがちな自分を疎ましく思い、それらを遮断する時空間づくりを心がけてきました。不本意な現実を拒絶しうるのはあそびです。禁中や仙洞御所にあって、古典を学び、和漢の詩文に親しみ、一糸文守や風林承章などの禅僧を通して禅の心にふれ、小堀遠州や千宗旦などと茶を楽しみました。和歌や漢詩、連歌などの文芸の学びにも、茶や香や花のたしなみにも、皇族や上流貴族と共に、板倉京都所司代や本阿弥光悦など朝幕間の媒介者、角倉素庵や灰屋紹益など芸事を愛でる上層町衆や芸能人など、多彩な顔ぶれが見られました。とくに力を入れた花では頻繁に立花会が催され、立花は後水尾院の身辺を飾る創作芸術の観を呈します。会の中心は後水尾院と池坊専好です。

文芸から諸芸事諸芸術まで多分野のサロンでは、貴族から町衆や職人、芸能人までともどもに学び、楽しみ、あそびました。譲位後はサロンはさらに活気づき、宮中は「寛永サロン」の異空間と変じます。幕府や俗界を見下す超俗あそびのサロンです。そしてサロンでの学びと研鑽から、茶に香に花に、書に絵画に陶芸に、詩歌に、近世の一到達点を創造しました。「寛永文化」と後世称されるものです。後水尾院自身も歌の道、法の道の達者として、古典講釈、和歌集など多くの著述を残し、また俗権の伸長や旧勢力の衰退によって変質してゆく年中行事を憂え、有職故実を復興し、「当時年中行事」を著わすなど、古典学は帝王学でもありました。俗権と俗文化に対峙して生まれた寛永サロン文化はメンバーの拡がりと充実につれ、宮中から山荘へ、さらに市中へも展開し、京都ならではの町衆文化をも導き出しました。もちろん本拠山荘ではサロンはより自在に、より奔放に、洗練に野性味すら加えて演じられます。かつてなかった超庭園の別乾坤に、後水尾院をとりまくサロンは、学問と芸事芸能とあそびごころを融和させ、みやびと華やぎの裏に抵抗と批判の心を蔵した超俗文化を創出しました。朝幕の拮抗する寛永期の生んだ屈折と忍耐の姿勢、レジリエンスをベースとする雅びにしてしたたかな美学の創造でした。それは武力や財力では絶対に創り出せない長い伝統の咀嚼の上に、さらに現実を見つめる批判的なまなざしと、現実を根本から相対化するしなやかな志と思想を合奏させて成る美意識であり、都ならではの文化でした。

修学院山荘は、後水尾院の怒りや焦《あせ》り、反骨や諦観、超俗志向や帝王志向など、すべての思いと願いをこめて、かつてなかった理念で構想・構築された院のライフワークです。風流や学芸やあそびにサロンは活気を呈しましたが、何よりも大事とされたのは、そこにこめた志でした。自然と人工を諧和させ、俗権を睥睨《へいげい》し、聖俗を超え上下を超えたユートピア塢づくり、そこに寛永文化の結晶がありました。

6 歴史を貫くレジリエンス力――個から地域共同体へ

ここまでレジリエンスの力を周知の個人史から解読してきました。鬱屈した忍耐をはね返し「一視同仁」の理想に転じるなど、後白河院、足利義政、後水尾院に共通の思想も姿勢も見られました。歴史はレジリエンスの力によって文化を刷新し創出する場でした。ここで冒頭の代助の生スタイルに戻ります。

ひとは社会内にあって、その体制や風潮と向き合って生きねばならない。体制を肯定するか否定するか、社会が不本意ならばそれにどう対処するか。近代においても問題はつづきます。代助の生スタイルは夏目漱石の内に抱える対体制・対時代姿勢の表現であり、近代日本におけるレジリエンスによる良心的文化・社会批判の典型です。イギリス留学時における「近代」社会体験は深く浸潤し、個人の社会内あり方、英文学研究への疑問は昂じます。帰国後の第一高等学校や東京帝国大学（小泉八雲の後任）など、肯定しえない体制内にあっての講師としての渡世は疚《やま》しく、諸事錯綜して公認官許の仕事を4年で辞め、朝日新聞社に転じました。日本の近代化政策を是認できず、未熟な公社会は生きる場にあらず、として、「個人主義」を貫くための転身でした。以後、近代社会のなかでの個人の生を問いつづけ、近代文学の本道を拓いていきます。全作品も生涯も、時代・社会体制を見つめ、しなやかなレジリエンスをもとに、それらと対決する良心の所業でした。

柳田國男の仕事も生涯もまた近代におけるレジリエンスの表出でした。東京帝国大学法科を出て内務省に入り、以後、農商務省農務局、法制局、内閣記録課を兼任、宮内書記官や貴族院書記官長を歴任、国際連盟委任統治委員も務めるなど、現場の農政に通じ、かつ体制の上層に通じる立場にありました。高級官僚のイメージが柳田につきまといますが、しかし公人としての立場から日本社会を見つめ、向き合ううちに、体制の表層の下に日本の培ってきた文化・民俗の古層が見えてきます。指導者たちの知らない地層、知ろうとしない土俗の声です。『後狩詞記』からはじまる山人へのまなざしであり、『遠野物語』にみる農山村に生きる人たちへの誠実な共感です。柳田は庶民とか民衆ということば、国民という上からの目線のことばを嫌い、普通に土地に生きる人たちを「常民」ととらえ、常民に古層の日本の発想や癖、習俗や心意を感じとり、その再掘・再認から常民を中心とする原日本学を構想します。ゆがんだ開化政策で踏みつぶされていく歴史・民俗・文化・心性などを正しく風土のなかに位置づけようとする一国民俗学です。民俗学は、国民という政治色の強いことばでなく、常民ということばで意味しうる人びとの営む社会・文化の再現の学であり、アカデミックでなく、現地を訪ね、膝をつき合わせての語らいから生まれる常民の学で、それが体制も、当時の人文社会科学も是認できない柳田の新しい民俗の学でした。根底には、上層官職にありながら政治や社会、さらには現行の学問研究に対する根本からの批判と抵抗がありました。いい気に近代化を進める輩の傍らに、下地に、虐げられた人たち、見捨てられる文化・民俗がうごめいており、それらこそがこの国の土台をつくったという民俗哲学であり、その考えと姿勢を支えたのがレジリエンスでした。柳田もまた開化一点ばりの不本意の体制を見捨て、公人としての官を辞し、朝日新聞社に入って、縛られない立場から、農政を中心に地道な研究・著述・講演などを仕事としました。漱石も國男も暴走する「近代」に根本からの不信を抱き、表には出さずとも、それに耐え抵抗することを通して、たしかな文学・学問・批評を創造し構築したのです。レジリエンスはともに内なるエネルゲイア（注：アリストテレスが提唱した哲学用語で、生成の過程の終局として実現する姿を意味する）、支柱でした。

つぎは個人史から地域史、共同体史の解読です。現実に誠実に向きあうとき、不平不満は鬱血し、現実に在るということは耐え忍び、自らを殺し我慢することというのが歴史の常態です。とくに中央から離れた地方では排除、差別、蔑視がつきまとい、地方の風土に在ることはつねに忍耐と苦しみを伴います。地域を平等にみる一視同仁の姿勢は乏しく、我慢強さ、辛抱強さは地方色、風土色とも見られてきました。地方軽視のなか、地方そのものがレジリエントに立ちあがることもありました。東北八戸にあって、新しい農の哲学による農業おこしと農民の自立を唱え、男女万人の平等を訴えつづけた安藤昌益など、その先覚的一例です。個人のレジリエントな再生・新生につづいては地域風土におけるレジリエンスです。個から集団へ、塢へ、一国一城へ、広域へと、レジリエンスは、自然・人間におけると同様、目覚めていかねばならないのです。レジリエンスは社会や歴史の下部・暗部にわだかまるしたたかな伏流水なのです。

第III部

地域社会をおこすレジリエンス

第7章

母は山であり森であり川であり、そして海だった

千葉　一

２０１１年３月の東日本大震災で被災した生まれ故郷の復興、特に彼らが実現した縮災（Disaster Resilience）に関して、漁撈《ぎょろう》の伝統や伝説からその下地を考察します。山や森に依存した海の生業と海に依存した山の再生、その相互性の中に自分たちも魂の流れとして参加する、あたかも海と山のはざまにあって、両者を結ぶ川のように生きる、その海浜の地域社会の伝承の残り火、山や海と対話し合一するような生と死の在り方に、レジリエンスを探していきます。

1　陸は海によって死に、海によって蘇る

前浜マリンセンターは森にも等しい

東日本大震災の津波で、沿岸部の多くの地区集会所が流失しました。前浜マリンセンターもそのひとつです。しかし、前浜（宮城県気仙沼本吉町）の人々は行政の施策を待つことなく住民主導で、「東

日本大震災復興記念 前浜マリンセンター」（以下、マリンセンター）としていち早く再建（２０１３年9月15日）しました。その建築木材の90％は、自分たちの屋敷森の杉などを自らも伐採し、提供したものです。構想・設計段階から伐採、木材加工、壁塗り、外装、床張り等の多くの作業に住民が参加しました。ハイテクではなく、自然素材を使うことでローテクによる住民参加を可能としました。その意味でマリンセンターは、前浜の人々が自分自身と同一視できる大切な共有財産です。

提供された屋敷森の木々は、今は亡き漁師たち、ご先祖様が植えたものです。死者たち（過去）から、津波被害の苦境にある子孫たちへ「未来への贈与」でした。マリンセンターには、現在世代の労働と死者の魂が協働し宿っています。それぞれの家の屋敷森を集め、生者と死者が「住民参加」して造り上げたマリンセンターは「森」ではありませんが、「森」でないとも言えません。多様な存在の魂が宿り、多くの人々が集う前浜というコミュニティ統合の森です。

私たちは、公共施設は行政が建設するものと考えています。またいざ建設となれば、諸々のものを市場から購入することになります。でも、そうした枠に自分自身を嵌め込むこともありません。行政や市場という「前提としている考え方そのものを疑う」ところに、地域再生や持続可能性の鍵、レジリエンスの大切な部分があります。マリンセンター再建はそのひとつの事例でした。行政か民間か、地域か個人か、職人か素人か、生者か死者か、人間か動植物かと言った二者択一の線引きを越えた曖昧な現実が、この小さな地区集会所を造り上げました。

早期再建や異例の建設経緯もあって、マリンセンターは構想段階から完成後も「森のにぎわい」を見せ、視察や催し物、学会やセミナーなどが頻繁に開かれました。しかし、現在（２０２２年11月）の状況は寂しいものです。コロナ禍の２年半ほどで、これまでの多彩な活動の多くが中断され、マリンセンターは「枯れ木の山」のように静まり返っています。いかにしてこの状況から回復・再生すべきなのかを考えなければなりません。ただ単に人が集まり、催し物をするような皮相には限界があります。その意味で、震災からの速やかな「縮災」（Disaster Resilience）とも言える前浜マリンセンター再建という現象の背後にある民俗的土壌に思いを巡らせることには、意味があるように思います。

海を意味する漁師が地の復興を支える

「海」を意味する漁師たちが、「森」を意味する苗木を植えました。そして、自宅周辺に屋敷森という小さな「森」が作られました。それが過去（死者）からの贈り物として、マリンセンターという森に延長されています。ここには、海の働きかけが森を再生させるという構造があります。そうした小さな森もまた、漁師（海）と植物との共同制作であり、センター再建というひとつの「地」の復興を支えました。津波によって破壊された陸地の復興でも、海と暮らしてきた人々、海の要素が不可欠にアシスト・協働しています。「地は水によって死に、水によって甦生する」（千葉　２０２１：２１５－２１７）。陸としての屋敷森とマリンセンターという森も、海とは切り離せない構造の中にあります。

３・11の津波のような災害が起きると、そのリスクが殊更に強調され、リスクを回避するための安易な発想の施策が大きな説得力を持つことがあります。「命を守る、財産を守る」という善意が前面に出され、思慮を欠いた復興施策が採られたりします。そうしたことは「災害パターナリズム（父権的温情主義）」と呼ばれます。津波防災という善意による、海と陸を分断する巨大防潮堤建設はその典型です。その際、漁民の生業や住民の内発的な提案、リスクを受容しつつ生活しようとする態度は、軽視されてきました。海と陸の不可分な関係や摂理を理解しない復興は、再生を目指す地域社会にとって障害ともなります。

海の暮らしとは言っても、漁村の人々は陸に暮らしています。その曖昧な現実（あるいは海の恩恵と災禍）を、切り分けて生活することはできません。もちろん、漁師は「陸」としての性格も持っています。海の生業《なりわい》が、漁師たちの陸での生活を支えています。海が漁師（陸）の中に宿り、漁師（海）が屋敷森（陸）の中に宿っています。屋敷森は海ではないが、海でないとも言えず、海は入れ子式にマリンセンターという森に宿っています。海が漁師を支え、その漁師たちが陸の地域社会を支えます。それは、海を生業とする人々の暮らしの変哲もない道理です。しかしこの道理を理解しないために、津波防災として巨大防潮堤を建設するような安易な海と陸の分断がまかり通ってきました。

以下では、分断してはならない海と陸の関係、漁師や漁村という地を支えてきた海や漁撈について、大潮・鰹・大謀網漁・葬制・植物などの事例を示します。ここで伝えたいことは、地域の伝統や思考、自然や風土との関連性において、復興という現象やコミュニティ開発、その持続可能性やレジリエンスというものが発現するという事実です。例えば、ただ単に観光客が来てお金を使うからとか、あるいは皮相的な経済的物的合理性の視点から導かれるような、命が共生し絡み合う網の目を無視した、軽薄な創造性の話ではありません。

海からの命の贈与を共有し再生する

新月と満月の日、女たちは岬や浜辺の祠や神社を巡る「朔日詣り」「十五日詣り」をし、沖に出る身内の無事と豊漁を祈願しました。男たちは両日は「海に出ない」忌日の慣わしでした。他日に比べ好漁とされる新月と満月に、聖日休業する伝承の理性。海からの加護を求めつつ安易な経済効率を一蹴するその姿は、海から生かされているという他律性の自覚と共に、海への配慮でした。この大潮のリズム、例えば月齢同調産卵のような自然現象は、磯場という海の幸の揺籃（子宮）の強調や月のリズムという共通項を介して、女性の自然に同置されます。大潮という海の生態資源の繁殖に同調し、男たちの漁撈は対立的にＯＦＦとなり、女たちの豊饒性とその祈りは親和的にＯＮになります（千葉２０１７：１０８頁）。その日、女たちは祈り巡りつつ磯（海）となり、陸に上がった男たちは再生します。

また、磯での布海苔などの採藻開口は女性（と子ども）に限定され、磯場は女の領分でした（写真１）。男たちの不安定な沖漁に対して、逞しい女・子どもの豊饒の磯に生存権にも等しい「食の安全保障」がありました。その女たちが、海の幸を山あいの集落へと行商し家計を支えました（千葉２０２１：２１２-２１３頁）。そうした海が示す摂理やリズムに促され、共鳴するように人々は生きてきました。

写真１　前浜での布海苔の開口の風景
撮影：佐藤直昭（1976年2月9日）

鰹は神秘的な再生の力を運んできます。「その年の最初の鰹が釣り上げられると、漁師たちは早々に漁を切り上げ浜に戻り、神社にその初魚を献供する」。豊漁を再生予祝する鰹魚群からの離脱の風習は、かつては厳格に守られていました。皮相的経済効率を一蹴する一尾の鰹が漁を再生する。また鰹は「お田植魚」として内陸の農村部に贈られました。初鰹に対する特別な思いや戦の携行食「勝男武士」も、鰹が持つ命の活性・再生呪力への信仰です。海の彼方から鰹が運ぶ命の贈与に対し、人々は離脱という形で返礼し、海の彼方の「命の本源」への信仰を持ち続けてきました。魂と魂が出会う約束のように、そうした生き方や配慮を持った魂（人）に鰹は選択的にその命を贈与すると。

「大謀網」と呼ばれる定置網漁（通称「オワミ」）があります（母方の家は、その責任を担う「大謀職」を務めてきた）。昭和の時代、鯖を大漁した時には浜で住民たちに大量の鯖を配り、夏には岩倉（神社）山の巨岩のご神体に鮪が献供され、歳の暮れには海の恵みは各戸に1本ずつ配られる鰤の年越し・正月魚となってやってきました。海の彼方から贈られる新年に魂を新たにする大切な力（歳魂）が、分有・共有されていた時代でした。

曽祖父の直作は、オワミの一線を退いた後も「早朝に海べりの熊野神社から海を窺うのが日課だった」と母は言います。そして神社に茂る欅の葉色を見ては「スビ（鮪）が来る」と呟いたと。まるで海と欅と鮪の魂、そして直作の魂が共振しているかのように、「その日は決まって大漁だった」といいます。

オワミは豊漁の度に、社会開発的な役割も果たしました。大谷小中学校の施設整備や「昭和八年三陸海嘯記念館」建設に多額の寄付をしました。極め付きは、戦後の鰤の豊漁を背景に、大谷中学校の校舎を行政に頼らず新築！　その校舎は「鰤学校《ぶりがっこ》」と呼ばれました。前浜の人々は、オワミの大漁の際に必ず歌われた伝統の「大谷大漁唄い込み」を謳い拍子（心）を合わせながら、マリンセンターの再建にあたりました。海に生かされ、その力を社会に還元するような生き方を踏襲する彼らには、大謀網の血が流れています。

海からの生態系サービスを、単に貪り市場に直結させ私有するのではない生き方や共同性の中で、オワミなどの漁撈とその海は、コモンズ的な性格を残しながら、陸での人々の生活、その地域を支えてきました。その海に生かされているからこそ、人々はその受け取った海の命（魂）を陸にあって他の存在に送り渡さねばならない。その流れを履行する記憶の中に、前浜の人々の縮災も潜んでいます。

写真2　岩井崎の「ババフトゴロ」の岩
出所：琴平神社、1952年9月

母たち海の女が山へと魂を溯上させる

海に生かされながらも、人々は樹木・森・山への視線を維持し、海の超自然的力（魂）をさらに陸へと運ぶ生き方をしてきました。漁師が木を植えるには、多様な意味があると思います。日常の用途の根底にも、海の力や魂を宿しながら、陸や森や他の動植物への配慮や再生の力を受け渡すような生き方が秘められています。私たちの生態の中に、海と山の間を流れる魂を運び通わせ、生態系の縁起を結び世界を共同制作する構造が埋め込まれているかもしれません。

気仙沼市階上の岩井崎に、漁に出た二人の息子の帰りを磯場で祈り待ち続け、石と化した母の伝説があります。その岩は「ババフトゴロ」と呼ばれます。母は、出舟と対を成さなければならない入舟という一巡りの海と陸の循環を、時がその流れを止めて石となって約束の履行を頑なに待ち続けています（写真2）。それは「帰ってこなかった」という現実ではなく、永遠の循環を必須とする理念、海と陸を循環する自然の摂理を私たちに訴えています（千葉 2021：211－212頁）。そして帰還（館）した海の力（魂）は、漁師や浜の人々に宿り・背負われ更なる溯上、陸や山や森へと次なるステップを辿ります。屋敷森の形成や森としての前浜マリンセンター再建は、そのマクロな流れの中で発揮されるレジリエンスの表現、マクロの中に組み込まれたミクロな模倣・相似的実践でした。

春、浜の女たちは大謀網の「初起し」で獲れた鱒を担いで、里を見下ろす手長山に登り奉納する「山掛け」をしました。昭和20～30年代、私の母マキ子はまだ10代でしたが、その役目を務めた経験を幾度もしています。それは手長山（手長様）の力を海に運び、大漁を呼び込み男たちと生業を加護する海の女の「山神遊行」的な儀礼でした。その根底には、山の力がもたらす海の豊饒と引き換えに、手長様が巨大な手を伸ばし、「森の取り分」として魚貝を淩うダイダラボッチ伝説がありました。それに対して、浜の人々は鮑や鱒など海の幸を手長山の頂に奉げ、山との和解を図ってきました。ここには、山と海の間の倫理的関係としての贈与交換、対話・コミュニケーションの回復があります（千葉 2017：108頁）。同時にこの儀礼は、海の女たちによる多種が絡み合う生態系の縁起表現、その摂理の体現による自然との神秘主義的な合一、あるいは山や森への魂の溯上を表現しています。

T・ライムヒェンは窒素の同位体N－15を使い、サケの遡上がクマを介して森林の成長に与える影響を調査し、その森の樹木の窒素分の30～40％（大木によっては80～85％）がサケ（海）由来であることを実証しています（Reimchen & Fox 2013）。ライムヒェンは言います。「ピンクサーモンは外洋から大量の栄養分を携えて川を溯上します。サケはクマに獲られ、クマの体内の窒素の多くを構成します。クマの排せつ物やサケの死骸などから窒素はさらに多くの生物種を経由し、より広範に拡散します。外洋と樹上の昆虫や鳥たちは、信じられないほど美しい相互作用の連続でつながっています。外洋の生物コミュニティと森の林冠の生物コミュニティとの間に分断などありません。樹々は非常に重要な栄養素をサケから提供され、豊かな森を形成します。森・川・海のそれぞれの生態系はこの連続体コミュニティの一部として存在しています」（Suzuki, D：要約と邦訳は筆者）と。人間例外主義の専制から離れ、鮭と共に生きるために、鮭の魂の赴くままに森の奥へ、熊と出会い森と合一する鮭の魂の生態を尊重する能力が、私たちに求められています。

「鱒の恵みが海の女に背負われ山を登る」山掛けの儀礼は、海からの栄養塩類の循環が森の再生を促す生態系の縁起プロセスを、マスの溯上に認知し、海の女たちの背が一筋の川となってそれを演じる「伝承の理性」の儀礼的表現です（千葉　２０２１：２１５頁）。「森は海によって再生する」という自然の摂理、その過程に多種の命が関与しています。多様な生態系サービスを提供する森も、その存在を全体から切り離し自生してはいません。その存在を助け労り、再生を促す多種多様な存在の絡み合い、その命の流れの中に森もあります。その流れに身を置いたとき、私たちは、人間中心主義や人間例外主義の領土から幾分でも踏み出た存在になっているでしょうか。自己を鱒や鮭と何も変わらない存在と感じつつ、多種の魂が縁起しながら森へと向かい合一して行く自己を心の中に映し出す。そんなことから、人間の生態軌道の変更は始まるのかもしれません。

2 涸れない川を魂が流れ湖上する

山の神は里へと下り、海の彼方への流れとなる

母たちは手長山に鱒を奉げるだけでなく、手長様の力（魂）を海に運ぶ役割もしていました。春、山の神が下りてきて田の神になる「山神遊行」の山と稲作の縁起を、さらに里海へと拡張する儀礼でした。森の奥から流れくる不思議な力（例えば、桃太郎や一寸法師）を宿しながら、山と海を結ぶ海の女たちの川は流れていました。田の神に養われ育った稲に魂が宿り、その米は私たちの体の中で人の魂となる。死して人の魂は山へと帰り、山の神と一つになる。その遊行（循環）は漁撈にも拡張され、山の神、稲の魂、死者の霊が混然と宿る稲藁から、かつては大謀網漁の手網が作られました。その手網の加護によって大漁を呼び込むのです。手網の「手」が、手長様の巨大な「手」の模倣・具現だとすれば、その海の幸は山や森への溯上を運命としています。

また、精米などに使われる竹製の箕にも稲魂が宿るとされ、除災招福の呪具とされてきました。「かぐや姫」に見るように、竹にも小さな魂が宿ります。昭和30年代まで、オワミでは孟宗竹を束ね網の浮きにしてきました。その竹は、清凉院の墓地に生えたものを使う決まりでした（写真3）。漁は、先祖の魂が宿る墓地の竹にも支えられていました。その頃はまだ土葬の風習でした。死は終わりではなく、次の命への贈与です。死者の魂は、竹の根を通じ浮きとなって海へと趣き、大謀網に大漁

をもたらしました。漁撈は海にのみに依存するのではなく、稲作や死者や植物や川や森との関係によって成り立っていました。

「ババフトゴロ」の伝説で、漁から帰らなかった兄弟は十倉磯で白大丸と黒大丸という岩となり、豊かな漁場となり人々を見守っていきます（清原 1982：2-3頁）。十倉はもともと岬でしたが、地震と津波で一夜にして消えたと伝説されます。いまでも岬の突端などでは、椿に囲まれた古い墓群を見かけます。しかしその墓群は、地震や津波や高潮でやがては海に赴く、三陸海崖の崩れ墓・流れ墓の運命にあります。死者たちは、椿など照葉樹が茂る海の彼方の源郷へと帰っていきます。

写真3　清涼院の墓地の孟宗竹を束ねた大謀網漁の浮きとオワミト（大網人）
撮影：佐藤直昭（昭和30年代）

8月16日の朝、父と二人、麦藁（本来は青い稲藁？）で盆舟を作った記憶があります。舟にお供物を載せ、水平線の彼方へとご先祖の霊を送りました。海の彼方の死者の国、そんな海上他界と、死して山に帰る山上他界が自然に胸に溶けていました。三陸に暮らす誰の胸にも、水平線の彼方に思いを馳せる辛い記憶があります。まだ帰らぬ父や兄弟・息子や友が広大な海のどこかで暮らしているとする悲愴な願いが。その大切な海に、愛する者たちに思いを込めて盆舟を作り、渚から「また来年、来てくれよ」と呟きながら送りました。私たちはその祈りの海に生かされてきました。「鮪や鰹や鯖や鰤や鱒を、海の彼方に暮らす死者たちが毎年贈ってくれる」。その海の恵と共に彼らの魂は帰館する」。その賜物を受け取り、私たちは再生を重ねてきました（千葉 2014：140頁）。海からの魂の流れと山からの魂の流れが出会う約束としての漁撈と漁村の暮らし。単なる回顧や郷愁ではなく、その同質の魂が呼び合い一つになる約束を履行する生き方を「真剣に受け取り」（参考・ウィーラースレフ 2018：298頁）再興しようとする能力に、レジリエンスの大きな可能性を感じます。

災禍と恩恵、海と山に同質の魂が通い合う

陸から海へと赴いた二人の兄弟の遭難（災禍）は、豊かな漁場となりました。稲魂が宿る手網や先祖の魂が宿る竹の浮きと同様に、それは大漁と引き換えの取引手段ではありません。椿林の墓群や盆舟流しからもわかるように、それは魂が出会う約束であり、陸のもの（魂）を海へ返し、海を癒す配慮の構造です。海が齎す生態系サービスも海の単独の能力ではありません。その配慮、多種多様な命の贈与、魂の流れの中に広大な海があります。豊かな漁場と大漁は、海への魂の配慮に対する恩寵で

写真4　海と陸を分断する巨大防潮堤
宮城県気仙沼市御伊勢浜（海抜 9.8m、全長 520m）
撮影：千葉正和（3.11SAPPORO SYMPO 実行委員会、2020 年 2 月）

あり結果的な受納に当たります。その意味では津波は災禍だけでなく、海へ帰る定めとして人間が従うべき摂理かもしれません。海からの災禍と恩恵、双方が同質の魂の流れの2つの側面である限り、それを分離し恩恵だけを授かることはできず、人間だけがその摂理の外に君臨することもできません。海と陸を分断して命を守る巨大防潮堤の大愚もここにあります（写真4）。

災禍と恩恵と同様に、人間と多種多様な動植物や川や山や森を区別する明確な境界はありません。私たちの命や肉体が特別ではなく、人間も人間以外も地質の一部であり、やがて土に還り水に溶ける自然の流れであり、その摂理や構造に例外はありません。私たちは地（山）であり水（海）であり、人間以外と明確な境界などなく共に生き、共に死んでいるのです。それぞれが縁起的相待的な関係の中で、その都度自己の役割を見出し、魂や命や物質の流れを担い、その流れの中に存在しています。もし私たちが今の専制的生態を変更するならば、日々出逢う他者や多種と絡み合い共に生き、生と死

図1　漁村を巡る魂の還流

を交換する魂の信頼関係の中で、人間以上（More Than Human）を生きる可能性も残されているかもしれません。

鱒を背負った母マキ子は、鱒ではないが鱒でないとも言えない絡み合いの中にいました。そして手長山の懐に擁かれながら、鱒が溯上する川のような存在としてその森に溶け込んでいました（参考・ウィーラースレフ 2018：170頁）。そして母は、森に棲む多種の魂を宿した川として流れ、海と陸のあわいの磯場にいました。それぞれの姿は違っていても、そこには同質の魂が流れています。海の女が山に登る両義性、川という「陸水」はその曖昧性故に媒介の機能を果します。海から川を溯上し森を再生する流れと、森に宿る命が赴かなければならない海への流れ。それは決して涸れてはならない、摂理と理念を映し出す川でした（千葉 2021：209-210頁）。これまで見てきた漁村の民俗は、海と陸の生態系の縁起や自然の摂理を、霊的な循環構造と共に語っていると思います（図1）。

魂が還流するレジリエンスの物語を真剣に受け取る

伝承や伝説には、人間の自律とは異なる生き方が秘められています。それは市場でも国家でもない領域で、人間以外と絡み合いながら山と海の間を流れる魂に配慮する生き方であり、それをここでは「コモンズ」と呼びたいと思います。多様な動植物からなる「多種類コミュニティ」の中で支え合う、必要不可欠なコモンズとして生きることの示唆が秘められています。儀礼や慣習や伝説など、多種と魂でつながるアニミズムや超越的なものと合一する神秘主義は、人々を祖型へと回帰させ、自然の摂理や構造を魂の流れとして映し出しています。その祖型を反復する人々に、コモンズは「共に生きるための行動準則と実践」として発現すると思います。

人間例外主義の領域を越え、多種の魂の媒介として人を生きる。海と山の間を還流する多様な命、その同質の魂に手を差し伸べ、自己を魂の流体と捉えその流れ（川）になろうとするコモンズ的な生き方の結果として、多くのものが再生しながら森を支え海を支え、そのはざまで自らの再生も繰り返されます。その「涸れない川」（千葉 2021：209-210頁）を実践する能力にレジリエンスを見つつ、そうした魂が還流するレジリエンスの物語を「真剣に受け取り」想像する必要があります。

屋敷森の形成やマリンセンターを再建した前浜の人々には、「涸れない川」の小さな断片が残っていましたし、それを回想する試みもしてきました。彼らは「前浜、おらほのとっておき」という寄り合いを組織し、足元の歴史や文化を再認識し未来につなげる活動をしてきました。多くの家に眠っていた白黒写真を集め、旧前浜マリンセンター内に展示し、死者たちご先祖様の魂を呼び寄せました。

その視線に囲まれながら、かつての生業や祭や演芸会を回想し、津波伝承や地域の在り方について語り合い、飲んで食って歌い踊りました。その彼等がお寺（清涼院）の物置で震災対策本部を運営し、さらにはマリンセンター再建の中核を担っていきました。

　マリンセンターの大黒柱には、山形県最上町黒澤から贈られたコブシの大木が使われています（写真５）。「手長様伝説」を生きるように、奥羽山脈の山村から三陸の漁村に贈られたその恵みを介して、黒澤と前浜は山の幸と海の幸を還流させながら交流を続けています。また前浜では、防潮堤を椿の森にする計画を進めています。海と陸の分断ではなく防潮堤を椿の森にし、死者たちが赴いた遥かな海を望みます。やがて死者たちは、この椿の森（魚付林）と出会う魂の約束として帰館します。その海の幸は、黒澤へと「山掛け」されていきます。

写真５　黒沢（山形）から贈られたコブシの大黒柱

奥羽山脈から来たコブシの大木が、マリンセンターを支えている

撮影：千葉一（2013年９月）

参考文献

千葉一（２０１４）「海浜のあわい―巨大防潮堤建設に反対する個人的理由」『震災学』ｖｏｌ．４、東北学院大学、１３

５－１４３頁.
千葉一（２０１７）「海浜の椿からの思考―津波という風土を生きるデザインのために」『震災学』ｖｏｌ．10、東北学院大学、96－１１３頁
千葉一（２０２１）「椿の民俗から思考する震災復興の祖型」原慶太郎・菊池慶子・平吹喜彦編『自然と歴史を活かした震災復興―持続可能性とレジリエンスを高める景観再生』東京大学出版会、１９５－２２１頁
清原正之（１９８２）「拝天岩物語」階上地区老人クラブ連合会編『階上よもやま話』光文堂、１－４頁
Reimchen, Thomas Edward and Fox, Caroline Hazel (2013). Fine-scale spatiotemporal influences of salmon on growth and nitrogen signatures of Sitka spruce tree rings. *BMC Ecology*. http://www.biomedcentral.com/1472-6785/13/38
Suzuki, David. Why the forest needs the salmon : Interview with Dr. Thomas Reimchen. *Cascadia Bioregion*. http://www.sacredbalance.com/web/drilldown.html?sku=43
レーン・ウィーラースレフ（２０１８）『ソウル・ハンターズ―シベリア・ユカギールのアニミズムの人類学』奥野克巳・近藤祉秋・古川不可知共訳、亜紀書房

COLUMN コラム

〈4〉人間と環境の切れ目の存在を疑う視点

廣瀬俊介

人間は一般に、自らが関係して生きているその他の生命ある者たちを人間の背景に置いてしまい、人間にとっての望ましさを第一とする価値観から環境を捉えてしまいがちです。それに対して、人間と他の生物を合わせた「多種（multi-species）」を研究対象とする動きが、人類学をはじめとするさまざまな分野で起こされています。参考に、人類学者石倉敏明の論考から引用をします。「（前略）食料や他の生物とつながっている目の前の風景は、自分自身の内臓と地続きの空間と捉えられる」「自分の身体を貫く消化器系のチューブが、実は外部空間と無限に開かれた絡まり合うループを形成している。このループを『外臓《がいぞう》』として概念化することによって、個々の身体を外界とつなぎながら、食べるものと食べられるものが共生している世界を理解するような回路が開かれるのではないか」（石倉・唐澤 2021：213‐214頁）。

第4章で紹介した払川集落でいえば、人体の約60％を占めている水が山々に養われて伊里前川や周辺の地下を流れ、食べて栄養が得られる動植物の採取や栽培ができ、栽培に用いる肥料もかつては周囲の山野から得られ、薬効を持つ植物もまた山野から得られ、人体を守る建物の建設や補修に使う資材にしても元は周囲や近隣から得られてきました。同集落における人間の環境は、確かに「外臓」と見ることができると思います。このように、自然界に生まれた生物の一種である人間とその外界には切れ目があるともないとも考えられるという視点を持つことは、大切ではないでしょうか。

参考文献

・石倉敏明・唐澤太輔（2021）「外臓と共異体の人類学」奥野克巳・近藤祉秋・ナターシャ・ファイン編『モア・ザン・ヒューマン―マルチスピーシーズ人類学と環境人文学』以文社、209-238頁

第8章

過疎地に潜むレジリエンス力

――奥能登・珠洲に生きる

桝蔵美智子

能登半島に位置する珠洲市は、貝塚などあり、縄文時代からの歴史があります。古くは海を媒介として、豊かな文化が栄えていたと思われます。1975年に原発誘致の話があり、市内は賛成と反対の2つに分かれて長らく対立、2003年に原発誘致計画は凍結しました。この様子は「ためされた地方自治」（山秋 2007）に詳しいですが、珠洲に住む人々が抱える経済的な問題や将来への不安などが明瞭になりました。現在、過疎化と高齢化が進む中で、文化交流、滞留人口増加などを目的として、奥能登国際芸術祭が実施されたくさんの人が珠洲を訪れました。また、金沢大学と地域の協働企画による、能登半島里山里海自然学校なども実践され、移住者も増えてきています。そうしたことを背景に、本章では、それぞれの分野で珠洲で活躍されている3名の方々へのインタビューを通して、過疎地に潜むレジリエンスの力を浮彫にします。

1　大野長一郎さん――炭焼きとともに

（2022年6月4日、11月6日火熾し神事参加＠株式会社ノトハハソ）

株式会社ノトハハソについて

創業1971年、大野さん代表（1999年家業に就き、2003年父の他界を機に代表に）（写真1）。従業員4名、クヌギを中心に植林、6～10年後に炭焼きし、年間15トンの炭を生産。茶道用の炭を主に受注。NPO法人の協力を得て多くの人が植林に参加。手入れの届いた植林地では、かつてより生物が多種生息し、夏には親子などを対象に昆虫採集企画も実施。大野さんの金沢大学・能登里山里海SDGsマイスター養成プログラム2期修了時の卒業研究テーマは、「炭やきを通じた里山保全によるカーボンマイナスの実現」。現在、炭焼きヴィレッジ構想を実践中。過去に稼働していた2つの窯をクラウドファンディングにて修復し合計4つの窯を稼働。東山中町に移住者や炭焼き業者を増やし、秋には火熾し神事をして、キリコ祭りにつなげたいと思案。

写真1　大野長一郎さん

インタビューより

高校卒業後、地元の企業に就職し、家業を継ぎました。父の他界後に結婚し、子どもが3人います。私の住んでいる珠洲市東山中町では、人口減少に伴い過疎化が進み、ほぼ消滅集落となっています。珠洲市は現在、本州で一番人口が少なく、高齢化率も50%を越えていて、危機感をもっています。東山中町でも22世帯42人のうち、10世帯が一人暮らしで、子どもの数は4人。移住したうち2世帯は、弊社で働いています。

炭焼きの業界では、廃業が続いています。一方国産の茶道用炭は需要が高まり、材料と生産に人手があれば売れるという状況です。そこで、クヌギの群生地を作ろうと思いつき、この植林自体を体験事業化することにしました。2008年、50人ほどの方に、参加費として体験料（昼食代）をいただく形で、植林イベントを開催しました。

最初、耕作放棄地は、一面低木と草で覆われていましたが、それらすべてを撤去して地面をならして植樹し、8年後にはクヌギを伐採できるまでになりました。撤去前と撤去後に植物の種類を調べて比較したところ、2004年より2012年の植林後のほうが、2・4倍増加。以前は何らかの植物種が優位に増殖して、多様な種類が生息しがたい状況にあったのに対し、植樹を契機に手入れするようになり、多様な植物が育つようになったと思われます。

炭や薪（まき）は、カーボンニュートラルなエネルギーであると一般的にいわれています（木は大気中のCO_2を吸って酸素を吐き出して、炭素をからだにため込んで成長しているから、燃えて二酸化炭素になっても大気中のCO_2の増減には影響しないためニュートラル）。弊社では、植林した木の成長による炭素固定量と、燃料以外の炭の用途、例えば土壌改良資材としての利用による土中での炭素固定量の収支を2019年まで継続調査していったところ、炭の生産量は下がっているが、植林地は増えており、2019年では年間61・7tのCO_2マイナス量が確認できました。約34人分の年間CO_2排出量を相殺できているのです。私ができることは炭焼きを通じて、里山を護ることです。

炭焼きは、木を切りだして選別・調整まで1週間、着火して窯炊き、本炊き、炭化《たんか》に1週間、炭化後、窯の穴吸気口と煙突を閉じて窯を密閉することで消化・冷却すること1週間。その後、炭を切って箱詰めして出荷するまで、合計35～40日。これで1t弱の炭ができます。現在、クラウドファンディングで、父親が使っていた窯2機を修理。窯には地元の石や土など使えるものを使っています。また伝統的な茶道の炭だけでなく、バーベキュー用の炭や珠洲の珪藻土を使った七輪の商品化、弊社の炭を材料に使用しているLUSH洗顔料など代替的な使用の可能性も探っています。

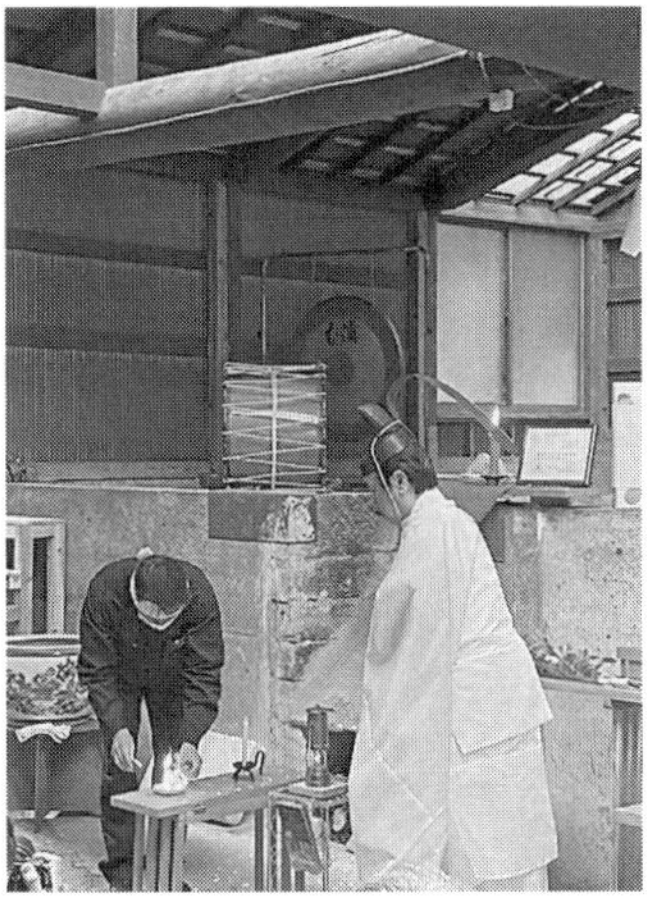

写真2　火熾し神事

現在、秋の初めに火熾し神事を自主的に開催しています。（写真2）ゆくゆくは、東山中集落の中で、全世帯のうち7世帯が炭焼きしているという状況を目指しており、各家で火を護っていってほしいと思っています。年に一度、7つの火を和蝋燭ひとつに集め、自分たちが護っている火をきりこに灯して練り歩く祭りをしたいのです。

このように炭焼きヴィレッジ構想は、進んできていますが、ここで働く人たちが潤うような就労環境をもっと考えていきたいと思っています。自分自身は珠洲から出ないでやってきて、限界集落で子どもをもちました。ここで子どもをもち、育てていくことに責任を感じています。だから、できるだけのことをしたいという思いがあります。

インタビューを終えて

老若男女、たくさんの人と関わり合い働きかけていく力、伝統を継ぐだけではなく自分なりに理解して創造していこうとする力など、並々ならぬ努力と実行力を感じました。家族に対する想い、限界集落で生きていくことの想いがあり、逆境ともいえる環境の中で立ち上がって生きてゆくレジリエンスの力を感じました。これまで集落を生きる人々に活気を与え、古きものを継ぎ、紡いでいくのは祭事空間でした。その祭事も時代の流れとともに空疎化しました。しかし、そこに火を中心にして神事を検討し、新しい神楽を創造していくという発想が生まれました。大野さんは、神話をあたかも自身が経験した昔話のように、生き生きと語る人です。2022年11月6日には実際に火熾し神事に参加させていただき、中島町で300間守られてきた「おひいさま」を迎えての神妙な儀式と三輪福さん、石坂亥士さんによる美しい神楽の舞を拝見し、炭焼きを通してたどってきた過程が、着実に結実化してきていることを感じました。神話が、人と自然をつなぐ物語として生きているのです。創作舞踊による神楽は、地域を巻き込みながら、新しい世代と古い世代、そして珠洲とそれ以外の人をつないでいくでしょう。

2 新出利幸さん――海と山のあいだで

（2022年6月4日@新出製材所）

新出製材所について

創業者は安田実ノ助氏（新出利幸氏の父方祖父）で、最初は新出工務店として創業。その後、新出幸雄氏（新出利幸氏の父）の代に変わり製材所の賃加工（賃挽き）を事業の中心におく。当時は、家を建てる時はお客様自身の所有する山の木材を製材し、その木材で大工さんが墨付けをして自分たちの家を建てることが当たり前の時代。伐採後は苗を植え、次の世代が木材が使えるように管理されていた。2021年の奥能登国際芸術祭では、「海をのぞむ製材所」そのものを、能登の杉で制作された長椅子や木材とともに展示。新出幸雄氏にアーティストがインタビューし、道具の機械を手入れする様子が動画で展示され、製材所のホームページにも掲載。

インタビューより

現在は、製材も工場で大量生産されるようになってきていて、中小規模の製材所はどんどんなくなっています。この三崎町にも何軒もの製材所があったのですが、今はここ一軒だけです。昔は、大工

写真3　新出利幸さん

さんは自分で加工し、かんながけしていました。今は、家を建てるにも、決まった材料を組み立てるだけですし、自分で墨付けをしている人はいません（写真3）。

――では、新出さんはこれからどうしていくのでしょうか？

たまに山に入り、花を摘んできては東京に出荷しています。ホタルブクロなどは、土の関係で他所より茎が細いなどの特徴があります。それを東京の花屋さんに卸すのですが、華道家の方に好んで使っていただいています。珠洲の山里は宝の山なのです。自分の畑でも茶花である椿を植えていくように計画しています（すでに育てて3年目）。珠洲は、野生の椿の生息するところとして知られていますが、野生の椿は切ってはいけませんから、育てていくことを考えました。

中学校を卒業して水産高校に進学しました。家や製材所の裏が海で、海を見ながら育ったことが関係しています。就職して上京、営業職でした。4年ほど経ったときに、このまま年とって楽しいのかなと考えるようになり、珠洲に戻ることを決めました。家業を継ぎ、当時、珠洲郡松波町にあった職業訓練学校に通いました。部材の名前を覚え、大工さんに言われたことをするために学びました。22～

28歳までの6年間、製材所で仕事しました。次に現地出身の友人ができて、ワーキングホリデーでオーストラリアに行くことにしました。メルボルンやゴールドコーストに住んで、スケボーやサーフィンをしたり、日本料理店で働いたりしました。帰国してしばらくして、31歳で結婚。妻と娘たちは現在金沢に住み、コロナ前からオンラインで通話しています。

――製材所はどうなっていくのでしょうか？

製材所は中核的な要素になると考えています。珠洲自体をひとつの資産と考え、製材を介して仕事が拡がればと。珠洲にいるからといって悲観することもないと思います。

写真4　芸術祭の折の新出製材所

――奥能登国際芸術祭への参加は、どのような経緯でしたか？

真喜志《まきし》奈美さんという沖縄のアーティストさんが、黒瓦のあるこの海辺の製材所が気になっていたようで、製材所に入ってきて話したのがきっかけでした。昔滞在したメルボルンは芸術の街で、裏地に入るとモダンアートがあり、ホテルやバーなどでも楽しめました。このときの影響が今につながっています。実際に使っている製材所を絶対的な自然とともに表現したいと思いました。その前の芸術祭では、小山真徳さんと出会い、制作を手伝っていましたので、自分でも何か表現したいと思っていたのです。自然と一体になっている、職場そのものがアートである庭をつくりました。普段なんだけど、普段じゃない、当たり前の風景のようで、当たり前でない場にしたかったのです（写真4）。

――ある意味、現代の祭礼ともいえる国際芸術祭とはなんでしょうか？

行政側は交流人口を考えてきたと思います。自分にとっては、いろんな人と会うことによって神経細胞がつながります。新しい発見や発想がみつかり、感じられます。

――お父さんの動画での語りもアートに含まれ、その内容も印象的でした。

木にはくせがあり、切る道具が大事なんです。親父は中学卒業して、ずっとこの仕事をしてきました。賃挽きは、お客さんの木を挽きます、これにこたえることが非常に大事なのです。木とお客さんと大工さんの間で要望に応じて仕事する、賃挽きだからこそのこだわりがあるのです。最近つくったのは納骨堂、三崎町本のお寺の納骨堂です。大工さんの家の木を賃挽きして、墨付けし建てました。それは、お寺の方の希望でした。最近、お墓をもたない人が多くなってきたので納骨堂を造りたいという希望でした。

奥能登芸術祭の作品をつくるときもそうだったんですけど、欠点を裏返せばいいのです。それは裏返せばポジティブになるものなのです。例えば、田舎だから人がいないというのは、海があるし、だれもいないからいいという考えにもなり得るのです。

――こうした柔軟な考えは、若い時から東京やオーストラリアにも行って、外からのものを受け入れる姿勢があったからでしょうか？

珠洲になにもなかったのがよかったと思います。子どもの頃は、妄想するしかなかったし、海をずっとみていました。海を通るいかつり漁船をみて、ああそこにどんな人が乗っていてどんなことをしているのかと想像をめぐらせました。なにもないですし、長い冬には妄想するしかありません。イメージできたら実現することができると思っています。子どもの頃に、イメージする力が鍛えられたと思います。

ぼくは、この場所にこだわることはないと思っています。人には選択の自由があり、住みたいところに住めばいいと思っています。コミュニティーをつくるには核が必要ですが、核になるものをつくってしまえば、人は自然と集まってくるでしょう。

将来的には製材所もやりたい人に譲ってもいいと思っています。新しい人が入ってこないと変わってこないからです。血縁ではなく、ここがいいと思った誰かがいないとだめだと思うのです。ここに固執、執着するとそうなってしまう。祖父、おやじからのものを利用して発展していくなら、その人たちに引き継いでもらっていいと考えています。今を生きることが大事です。自由にしなやかに生きられればと思っています。なにかしらの事業をはじめて、会社を興す準備をしているところです。

インタビューを終えて

お話を聴いて、その思考の柔軟性、しなやかさに心打たれました。東京と海外での生活経験があり、この2つは、会社に時間をさく生活と、自分自身に時間をかける生活で、真逆のあり方です。現在の珠洲での生活スタイルは、仕事も自分自身のことも、味わい楽しむ生活です。これから製材所を継いでいこうというときに、賃挽きではやっていけない現実と将来を見据えていきます。また、なにもないことに絶望していくのではなく、なにか肯定的に考えることができないかという発想をもっていきます。不安におされるのではなく、できることを柔軟に発想していく、そうしてイメージできれば実現できるというあり方に新出さんらしい、レジリエンス力を感じました。また、ご家族の新出さんへの理解と関係性が、ご自身をふんわり優しく包んで支えているように思いました。

3　坂本菜の花さん——自分のこととして社会のことを考える

（2022年1月2日@筆者実家、6月5日@湯宿さか本）

湯宿さか本について

戦後の湯治場「ひろやの湯」を菜の花さんの祖父母が譲り受け、父親の新一郎さんが現在の様式に改修し、地元食材を提供。菜の花さんは、和歌山県の中学校、沖縄県の高校を経て、湯宿を継いで経営しています（写真5）。沖縄滞在中に、新聞連載したコラムが「菜の花の沖縄日記」として出版され、ドキュメンタリー映画としても上映され続けています。

インタビューより

——沖縄での3年間はどんなものでしたか？

自分はだれなんだろうということがいつも心にありました。沖縄はかつて独立国で、独自の歴史、言葉、音楽、食文化があります。日本にいながら留学していたような感じでした。自分と沖縄にいる人との違いを感じて過ごしました。

本土に戻り、石川県で何かしないと絶対変わらないことと思うようになりました。それで、沖縄で遺骨が混じっている可能性が高い土を使わないようにすることに、珠洲で半年ぐらい動いていました。（「沖縄戦没者の遺骨を含む土砂を使用しないよう〔国に〕求める意見書提出を〔市議会に〕求める請願書」のために動いて、2021年9月珠洲市議会で採択されました。）そのときどきで動きたいと思えるだけ動こうと思っています。なにかのことばに動かされて、動かしてもらって、日々の生活をしながら家の外で起こっていることにも目を向けて行かないと。この珠洲も沖縄も、日本の国の方向性というのはどこにいても一緒。学生だった頃と、仕事を始めてからでは、バランスが難しいですし、悩みはつきないでいます。

写真5　坂本菜の花さん

――（「標的の村」というドキュメンタリーがきっかけで沖縄に関心をもったという話から）多くの中学生は、ゲームに興じていたり、受験のことで頭がいっぱいだったり

するし、ドキュメンタリーをみたりすることはめずらしいように思いますが。

親も観ていました。ごはんのときパレスチナのことが話題にのぼったりする家です。父は、世界のことを知りながら自分は何ができるかを考えないといけないと。「なのだったらどうする?」とよく聞かれました。このドキュメンタリー見たときにすごいショックで、パレスチナにいかなくても、日本人同士がこうしてもみあっている、黄色い線から向こうはアメリカの法律、日本人は入れない場所があるとか、中学生の自分には衝撃だったから、自分の目で見たいと思うようになりました。

珊瑚舎の学校での3年間、もやもやすること多かったけれども、行ってよかったと思います。大人に会えたし、今も交流があります。先生は、かっこいいし、尊敬できます。いつも、もやもやだらけで、笑っているか悩んでいるかのどちらかでした。

——もやもやとは?

辺野古基地の話になって、友だちは基地がなくなることがいいとはかぎらないと言いました。こうして、自分との違いがうまれた時にもやもやするんです。すっきりした授業より、もやもやした授業のほうが残っています。自分と人とは違う、わかりあえないことを前提に関わっていくことの大切さを学びました。12歳ごろから珠洲を離れました。きのくに子どもの村学園という、子ども主体で学ぶところに行きました。最初の3か月は寮生活でさみしかったですが、その後は自由に楽しみました。

1950年代、石川で内灘闘争というのがありました。米軍の射爆場があったのです。お母さんたちは、撤退のための座り込みを何年間か続けて、こうした住民の反対により射爆場は返還されました。

これが契機となり全国の米軍専用施設に対する反対運動が拡がっていきました。そして返還された分のすべてを寄せ集めるかのように「復帰」した沖縄へ米軍基地が集中していったのです。「内灘闘争は終わっていません」とは池澤夏樹さんの言葉です。内灘のことは、映画『ちむぐりさ　菜の花の沖縄日記』撮影中に、ディレクターさんに教えてもらいました。一緒に内灘闘争にかかわった70代の方たちを訪問しました。つい沖縄の人のためにとなりますが、石川や私たちの生活とつながっている問題なのだと実感しました。苦しんでいる人、不安に思っているお母さんたち、声を上げているけど聴いてもらえない人たちのために動くのか？　そうじゃなくて、内灘闘争からずっと続いている、自分たちの問題なのです。もし有事があり、敵が攻めてきたらどうするのか、原発は戦争に利用されるのか？　被害は沖縄だけじゃない、対岸の火事ではないのです。同じ立場にたっているけど、それがみえにくくなっています。

――暮らしについて。

新型コロナウイルス流行で、宿の仕事にキャンセルが多く、新緑の季節に初めて時間がとれました。ゆっくり珠洲とか能登という場所をみたときに、海があって、里山があって、山のものも食べれるし、海の魚も食べれるし、野菜も畑があれば自家用のものはつくれるし。あとはエネルギーという課題がありますす。井戸が2つ湧いていて、小川が流れていて水は確保できます。熱源は、薪ストーブ、囲炉裏、火鉢。炭は大野さんの製炭工場から購入。薪は森林組合から。お風呂も薪でボイラーわかして、保温だけは灯油。あとはエネルギーについて解決したら、自分がやりたい暮らしには近づきます。

自分の中で暮らしはとても大事です。福島では自然災害だけでなく、原発という人災も含めて人の暮らしが奪われました。なにかあってもやっていけるように、衣食住とか、エネルギー、インフラについて、ある程度は自分で生産することを考えたいと思います。生活が小さく回っていくといいと思うのです。大きく回そうとすると、資本主義ではないけど、お金、お金ってなってしまって。田舎でエネルギーを発電して、森を伐採してつくっても、街の方にエネルギーが集められていきます。そこからまた珠洲に戻ってくる、送電のロスがあります。理想的には珠洲とか奥能登とかでなんでもまわるといいですね。小さい範囲で、だいたいのことがやっていけるという暮らし。できるだけ顔もしっている人から野菜を買ったり、なるべく近いところで、個人がつくっている服とかを着たりとかしています。信頼のおける、人と人との関係で、暮らしをつくれたらいいなと。

ごみのこと考えても、なるべくプラスチックのものは使いたくないと思っています。宿でも、アメニティーは自分で持ってきていただくようにお願いしています。燃やせるものはできるだけストーブで燃やしています。野菜くずは5羽の鶏が食べるし、残飯は、犬が食べています。仕事をしているわりにはごみが少ないと思います。廃水は敷地内の池に流れて自然の濾過をした後、また川に戻ります。洗濯物に合成洗剤は使わないですし、石鹸は環境負荷の少ないものを使っています。海までつながっている水だから、合成洗剤とか使えないなあと思っています。子どもの頃からの生活が根づいています。

宿は、山に囲まれています。しっかり雨が降って、だんだん空気がひえこんでくると、松茸にはいい季節になります。春は山菜もとりにいきます。こしあぶら、たらのめ。ぜんまいやわらびは手がかかるので、友だちが干してくれたものを1年分買います。ふきは、地元の婦人会から樽で買わせてもらいます。野ぶきの塩漬け。これをお煮しめに1年間使います。お煮しめには、ぜんまい、ふき、やきどうふ、人参、こんにゃく、椎茸や本しめじなどつかい、季節によってはメイン料理になります。年間通して、お蕎麦と自家製豆腐でつくるがんもどきを出しています。珠洲には何もないから自分で暮らしを創るにはすごく向いているし、自分が思う暮らしをつくれると思います。

インタビューを終えて

小さい頃から食卓で社会問題を考え、中学生の頃から寮生活や下宿をして、少人数の学校で学んできた坂本さん。自分なりの考えをもって行動し、わからないこと、納得いかないこと、迷うことのすべて、もやもやを抱えながら、考え続けてきています。これは、とてもしんどいことでしょう。周囲で起こること、社会で起こることに深くコミットし、考え続けていきます。仕事で精いっぱいになり、コミットしきれないことさえ、自責の念をもって問うていきます。彼女の思考や言動は、この世への慈愛を含む、祈りのようです。珠洲の生活を味わいながら、外にも目を開き、外からの視点でも珠洲をみている様子がうかがえます。自己と自然、社会とのあいだを往来しながら、考え行動していく坂本さんの姿にレジリエンスの豊かな可能性と未来への希望を感じました。

4 レジリエンスの底流にあるもの

家族のつながり

大野さんには、父親の想いを汲み、母親と一緒に炭焼きをし、新しく自分の家族をもって、地域を興していこうという気概があります。新出さんにも、祖父や、父親の代に成してきた仕事の流れを汲んだうえでの今があり、新出さんらしく、遠距離ながら柔軟につながってきた家族とのつながりがあります。坂本さんは、父親の価値観をつよく受けて育ち、社会について考えてきた経緯があります。いずれの方にも、しっかりした家族とのつながりがありました。それは、珠洲の自然や風土ともからみあい、個性的なあり方とつながってきています。家族や風土との相関関係、そんな中で育まれる思考のあり方やレジリエンスを思いました。

自然と風土

能登では、近年は暖冬ですが、早ければ10月末に雪が降り始め、4月初旬まで雪の降ることもあり、長い冬の時期を過ごすことになります。新出さんが妄想して過ごしたというように、長い間、なにもないところで過ごすというのは、人のイメージ力を豊かにするのかもしれません。あるいは、厳しいと思うこともなく、そのままのことをして当たり前に暮らし、坂本さんのように一度外に出た人には、自分のからだに合っているという感じもするのかもしれません。

坂本さんのお料理の話にもありましたが、四季折々にとれる食材は、季節の味わいを豊かにします。昔は大切な行事や祭事と食材の取入れが結びついていました。春のお彼岸につくるおはぎは、よもぎの草餅風で餡やきなこに包まれていました。秋祭りにつかうおよばれの席の御膳には、春のぜんまいや野ぶきの塩漬けの炊いたものから、秋の栗や小豆をつかったご飯を使うなど、年間の食材がうまく取り入れられていました。食を通して感じられる自然が、人のこころとからだを支えてきたように感じます。

また、半島は海と山との距離感が近いゆえに、どちらの自然の豊かさも享受しやすく、逆にその厳しい側面も感じやすいということがあります。自然をそのままに受けとめるレジリエンス力ということもあるように思います。

5 日常を支えるレジリエンスを創造する祭事空間

奥能登には、季節ごとの祭りがあります。あえのこと、あばれ祭り、キリコ祭りなど。そこには、自然と一体になった神を敬い、非日常のハレの日に神のもつエネルギーにふれることで、1年のこころの垢を浄化し、新しくエネルギーを得るような心身のうごきがみられます。「モリには死者の霊が集まっていると考えられていたので、そこで先祖の祭りもおこなわれていた。神社のいちばん古い形は、このモリから発生した」と柳田國男が指摘したことを思い起こします。また、「モリは死者を埋葬するところであるが、人類に普遍的な生と死の円環思想からすれば、そこはまた新しい生命の宿る場所でもある。生と死がひとつながり、カオス（混沌）とコスモス（秩序）がひとつながりになるところ、そしてあらゆるものが、そこではむくむくと変成をはじめる。固定された秩序は、どこにもない。死でさえも終わりではなく、新しいもののはじまりをしめす」（中沢 2012：33頁）。その在りようが、この地で祭りを通して実践され、老若男女に命を吹き込んできました。ここには、人、地域、木々や森、そして火や水（海）が象徴的に関わり合います。

能登の祭りで特徴的なのは、鎮守の森に囲まれた神社から神輿が出立し、きりこ灯籠が先導するのですが、宝立町の七夕では海に入っていきます。能都町宇出津のあばれ祭りでは、海に入って浄化したり、火をつけたりして祭りのピークを迎えます。山から海へ、火とともに祈りをささげていくのです。昔は海から多くの新しい人や文化をとりいれ、そして、折口の言うようなまれびと、まれな文化として、敬い、祭っていたのではないかと推測します。そうした能登の人々の中に継承されてきたものが、3人の中に脈々と、精神文化として根づいているように思います。

大野さんは、白山菊姫伝説との関わりで、新しい祭りの創生を火を中心として考え、新出さんは、アートを通して多くの人が往来し、目に見えないものがうごき神経細胞がつながるようなものとして芸術祭を経験しました。坂本さんは、湯宿という非日常の場で炭火を熾し、人々を迎え入れ、政（祭事）にコミットしながら体現しています。

家族とのつながりを礎とし、自然をそのままに受けとめながらできることを考え、人と人、人と自然が行き交う祭事空間の中で育まれる創造的なレジリエンス。このような祭事空間が、3人のこころ豊かな日常を支えているように感じました。

参考文献

中沢新一（2012）『大阪アースダイバー』講談社

坂本菜の花（2019）『菜の花の沖縄日記』ヘウレーカ

山秋真（2007）『ためされた地方自治』桂書房

第9章

地域の力、伝承知の力

——地域に潜むレジリエンス

廣瀬俊介

人間は、各地域の物質循環や生態系と密接に関係しながら生きてきました。しかし、近代工業化を経て、人間は多くの物を大量に遠くへ運ぶようになり、安定して大量に産出される地域が限られる化石燃料、石油が主要なエネルギーとして各国で使われるようになりました。また、石油から作る合成樹脂のように物質循環と生態系の中でほとんどが分解されない物質の普及などもあって、人間と物質循環、生態系の間に持続する関係が保たれた地域は減っています。その結果、地球規模で、人間が物質循環と生態系から生命維持、生活、生業に必要な物質を得て生存することが難しくなってきました。

本章では、私たちが物質の循環や生態系の中に生き続けることを可能にする知識と技術について考えます。

1　伝承知とは

人間は、各地域の物質循環や生態系と持続する関係を保つことで生き続けられるための知識と技術を、試行錯誤を重ねながら確立してきていました。それらは、伝承知と呼べます。ところが、日本では、近代工業化を支えた近代科学の導入に際して、科学知と伝承知との相互検証を十分に行うことなく、「概念や用語が整理され、数学を用いて体系化された知識は人類共通の普遍性をもつ」（有本 1999：86頁）ことを重視して、科学知を優先的に用いてきてしまいました。

しかしながら、伝承知と科学知は相互に検証をしながら組み合わせて持つことが、時に予測不可能な変化もする環境に取り巻かれて人間が生きる上で理に適うと考えられます。また、環境のありさまである風景の見方が人によって少しずつ異なるのと同じく、それぞれの人々の知識と技術の身につけ方に差異があることを前提として、その差異を互いに生かし合うための協働の仕組みを創ることが肝要であるとも考えられます。

ただし、近代工業化以前の日本における人々のいとなみのすべてが伝承知と見なせるわけではありません。平城京の造営から70年余りを経て延暦４（785）年に遷都された長岡京は、京内を大きな川が流れるつくりによって河川交通の便に恵まれたものの、延暦11（792）年には２度の水害に遭うなどし、遷都から10年目の延暦13（794）年に廃都され、平安京への遷都が行われました（平川

2002：253頁)。

　また、都を遷すことのように社会階級を最も上位とする人々が自ら災害を誘発する土地利用を行った事実の他に、社会階級が上位の人々が下位の人々に対して災害誘発的な土地利用を促した例があります。河川の洪水がたびたび起こるために利用されてこなかった平野部などで近世に行われた新田開発は、それに当たると考えられます。「椿新田一八カ村の一つである春海村の場合をみると（中略）近隣村々にあって、次男以下に生まれて分家をさせてもらえないでいた者や、一人前の百姓として認められなかった従属的な地位の農民たちが、独立を求めて新田に移住してきたのです」（渡辺　1994)。そのようになかなか行き場を見つけられなかった人々が新田に移り住んだわけですが、例えば天正19（1591）年から仙台藩が新田開発を進めた仙台平野では、2011年に起きた東北地方太平洋沖地震に伴う津波によってきわめて大きな被害が生じています（石川　1996)。

　水害や土砂災害などの有無は、その土地の地形、地質からある程度想定できます。国土交通省は、水害、土砂災害、高潮、津波などの災害に関した被害想定区域を各地域の地図の上に重ねて確認できる「ハザードマップポータルサイト」を公開しています。それゆえに、大きな水害が起こるたびに、被害が想定される土地に住み続ける人々がいることにも問題はないかと考えて「そもそも住む場所を変えていくことが必要」（スポーツ報知　2020）といった意見を述べる人が都度あらわれ、それらが報じられるなどします。そのような状況が生じるに至った経緯を考えに入れないのであれば、そうといえるのでしょう。しかし、近世に開発された新田にしても、そこに代々住んだ家の人々にとっては先祖伝来の土地ということになります。人々は、そこで不動産を持つ他に、農地には生産力の向上と維持に代々力が注がれてきた蓄積があり、近くには先祖が葬られた墓所があり、生まれ育ったことで愛着を感じてもいましょう。その人々が、水害への注意を怠るべきでないと親や近隣の人々に教わり、または経験的に知ることはあっても、その土地がどうできてきたかや、先祖がどのような理由で数百年前に水害常襲地帯へ移り住んだのかは詳しく知らないという例が多いのではないでしょうか。そうだとすれば、簡単に「そもそも住む場所を変えていくことが必要」などと発言することは、当事者にとって理解以前に許容しにくく、問題の解決に結びつきにくいといえます。新田開発の発端を調べることから始めて、そもそもその土地がどう形成されてきたかを調べ、そうした地形の発達と水害の起こりやすさの関係や、川に運ばれた土砂が積もってできている地盤の地震に対する弱さを確かめ、移転に伴い必要となる費用を歴史的経緯も踏まえて国や地方公共団体が補助する理由は成り立つかどうか検討をするなど、時間をかけて合意をしてゆく過程が重要となると考えられます。

そのようなことを含めて、伝承知と科学知の相互検証に基づく災害誘発的でない土地利用が行われる状況は、導けるのではないでしょうか。

2　事例をもとに地域の伝承知について考える

人間が物質の循環や生態系の中に生き続けることを可能にする地域の伝承知の継承、応用と、伝承知と科学知の相互検証の実際について、事例をもとに考察します。岐阜県の飛騨地方北西部、飛騨市河合町と大野郡白川村にまたがる天生《あもう》県立自然公園で用いられる土地利用管理技術をその対象とします。

天生県立自然公園は、平成10年（1998年）に岐阜県が県立公園として指定した面積約1638ha、標高約715～1875mの範囲を指します。同公園は、全長60kmにわたって東西にのびる跡津《あとつ》川断層《がわだんそう》の西の端にかかり、同断層に沿う谷を流れる神通川《じんづうがわ》の支流、小鳥川《おどりがわ》水系の水源域の一部（天生谷・カラ谷流域）に当たります。気候は、中央日本多雪山岳気候型で、豪雪地帯対策特別措置法に基づく特別豪雪地帯に指定され、冬季には周辺の道路と共に同公園も閉鎖されます。また、地域の植物の集まりを植生と呼びますが、植生と気候の関係から見ると同公園は日本海型気候帯に属します。天生県立自然公園を含む一帯では、概ね標高1600mが山地帯の落葉広葉樹林（ブナ、ミズナラ林）と亜高山帯の常緑針葉樹林（シラビソ・オオシラビソ林）との移行帯に当たり（岐阜県 1996）、同公園にもそれらブナやオオシラビソ、および高層湿原植生などに代表される原生自然群落が分布します。それぞれの群落は、起源が古く侵食が進んでなだらかになった山の上の平坦地や急峻な山腹、断層によってできた谷といった地形、地質や、地形、標高および方位などが関係して生じる微気象の違いに合わせて形成されています。動物については、哺乳類28種、鳥類27種（この他に岐阜県野鳥の会はイヌワシとクマタカの飛翔を確認）、爬虫類8種、両生類12種（サンショウウオ類4種が生息する珍しい地域であるとのこと）、魚類2種（イワナ、ヤマメ）が確認されている他、岐阜県指定・特定昆虫19種

写真1　天生県立自然公園のカラ谷登山道
撮影：廣瀬（2019）

を含む昆虫類（昭和48年学術調査で55科476種、平成2年発行の『河合村誌　通史全』で79科1353種が記載）が報告されています（岐阜県）。

天生県立自然公園を訪れた人々が歩く探勝路、登山道や、特に救助や管理のために周辺の林道との連絡を考えて通された道の保持、周囲の保安、湿原の乾燥化防止などについては、地域のボランティア組織が平成12（2000）年から、当地の環境条件に適い、環境負荷低減を基本として来訪者の安全確保を満たす、地域的な土地利用管理技術を確立して担ってきました（写真1）。

代表的な例として、人が探勝路、登山道を通した箇所に張られた木々の根を守る仕組みが挙げられます。道に露出した木々の根は、しばしば階段がわりに使われます。そして、人に踏まれて傷んだ木々の根が幹や枝を支える力は弱まり、木々は風や雪で倒れやすくなり、道そして斜面が崩れる可能性が増し

図１　山腹の斜面にブナの根が張る上へ通された探勝路の部分
描画：廣瀬（2020）

ます。木々の枝葉の広がりは樹冠といい、樹冠の連なりを林冠といいます。木々がかたちづくる林冠は、強い風が吹く時に風圧をやわらげ、さらに個々の木々にかかる圧を分散させて、風による被害を回避または軽減します。また、落葉広葉樹が斜面に生える場合、幹の根元の山側に引張りあて材と呼ばれる部位ができ、木が谷側に傾いても倒れないようにしています（堀　２０１４）。引張りあて材が伸びた先にある根も、同じはたらきをしています。このような木々の生態に合わせて、同公園では人々が木々の根を踏まずに山を登り降りできるように、地面へ階段状に横木を据えつけています（図１）。横木の材は道の周囲から、杭として使うクリは飛騨市内から、森林の管理を兼ね

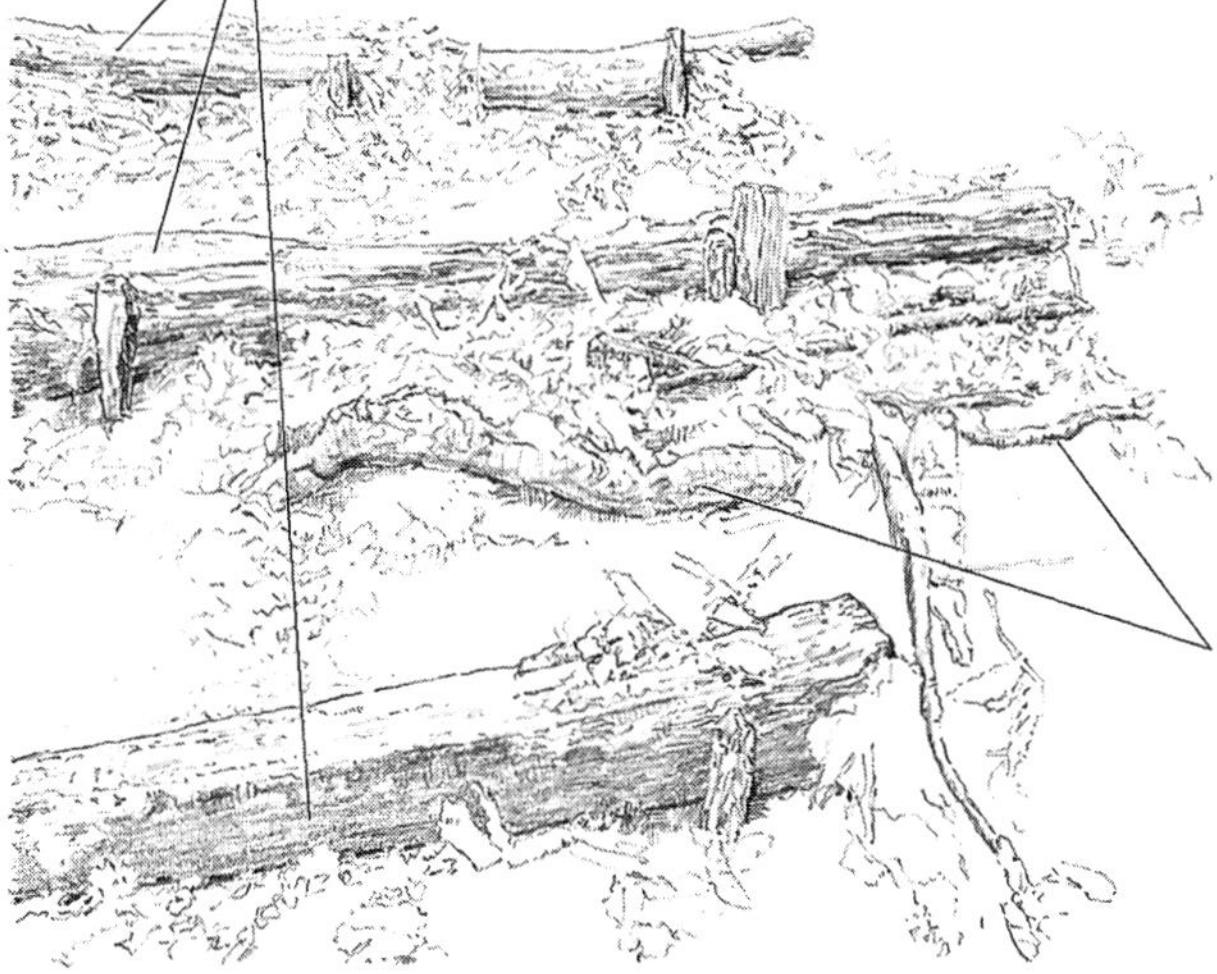
横木は平行ではなく、水流が逸れるように角度が微調整されている
木々の根

図 2　木々の根と地面を守る探勝路の横木の配置
描画：廣瀬（2020）

て調達されます。

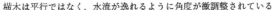

横木の据え方にも、注意が必要な点があります。山に通された道を流れる雨や雪解け水は、地面の土を流し下ろします。それも人が道の根にかぶる土は薄くなり、それも人が道を踏む力で根が傷む原因になります。加えて、水が強く流れれば地面は沢のように掘られ、人は歩きにくくなった道の周囲を通るようになり、植生や土壌へ負荷がもたらされます。しかし、一般の山道では道が伸びる方向に直交して横木が据えつけられ、これに水流が強く反射して道が余計に掘れています。それに対して、同公園では横木の角度を、水流が逸らされて勢いが弱まるように微調整しています（図2）。それでも土はいくらか流し下ろされますが、これらは道の脇に掘った穴にためて、土が薄

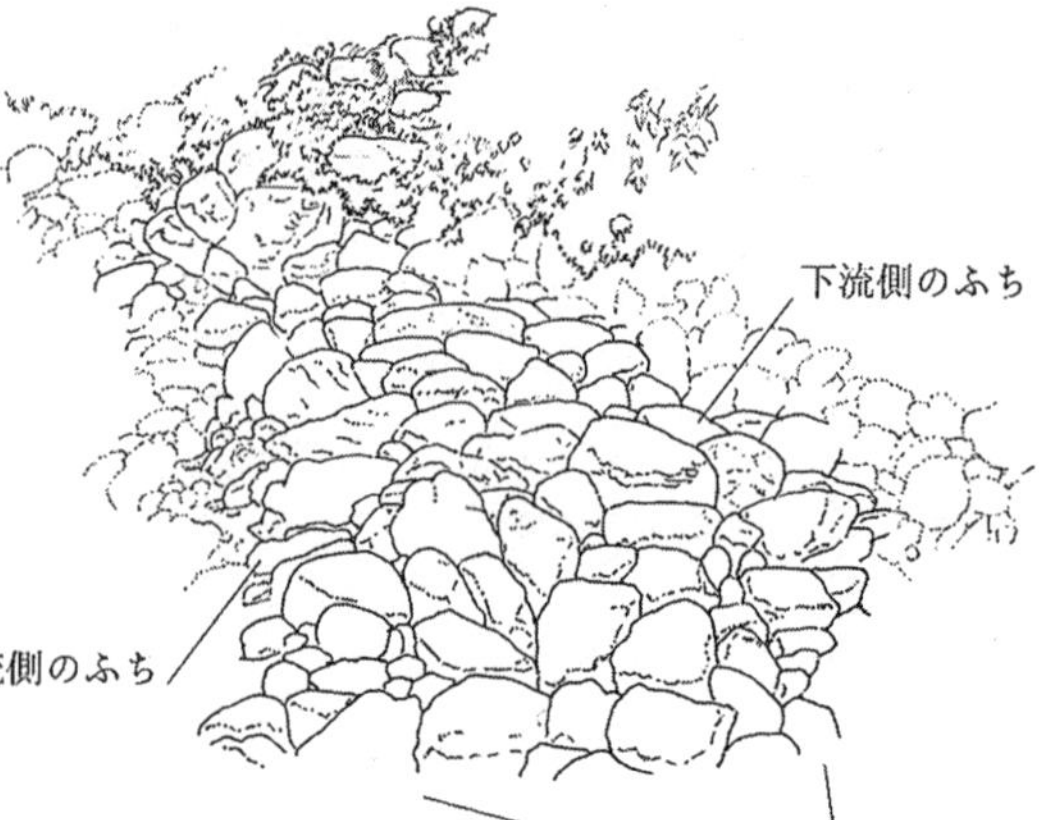

図3　沢の石を並べ替えてつくる橋
出所：廣瀬（2021）

くなったところへ戻しています（風土形成事務所　2020）。

同公園には、天生谷とカラ谷およびそれぞれに注ぐ沢が流れます。登山道や探勝路がこれらと交差する箇所には、周囲の木々の管理を兼ねて得た丸太などを渡して橋が架けられています。これらの橋は、冬季には雪が積もり壊れるのを避けて沢の傍らへ外して置かれます。その他に、よく増水する沢では1本ずつ縄で結わえた木材を並べて橋とされています。増水時に、橋は強い水流に分解され、橋に掛かった流木や岩に水がせき止められて周囲にあふれるのを防ぎます。縄に結ばれた木材はその場にとどまり、組み立て直せます。このような橋は流れ橋といい、各地で見られます。沢底の石を並べ替えてつくる橋も、同公園にあります（図3）。この沢では、水はふだん沢底の石のすき間を流れ、水が多い時にのみ石の上にあらわれます。そのため、ここでは沢を渡る部分が周囲から持ち上がるように石を並べ替えて橋とされています。この橋は、雪に埋もれ、あるいは強い水流に崩されても崩れた石やまわりの石を使ってつくり直せ、廃棄物は出ません。ただし、簡単には壊れないように水流をなめらかに受け流そうと上流側と下流側共、橋のふちが沢底から斜めに持ち上がるように石を組んでいます。こうした沢に丸太などを渡して橋とすると、増水時に上流側から流れてき木や石が掛かり、そこから水がせき上がってあふれ、沢の周囲の地面を掘り、草や木の根を傷めることがあります。沢底の石を並べ替えるだけで造れ、水が強く流れる時にはその勢いを受け流す橋もまた、森を守り山を守る自然公園の部分となります。

3 即地的で順応的な地域の伝承知の継承、応用

天生県立自然公園の管理に携わる地域のボランティア組織の所属者に聞くと、それぞれの子どもの頃に親の山仕事を手伝った記憶や農作業を通して覚えた知識や技術を思い出し、応用しながら、同公園の各所の状態に則してこうした技術を形成してきたといいます（風土形成事務所）。このことは、地域の伝承知を継承し、なおかつ応用してきた例に当たると考えられます。さらに、ここで用いられる土地利用管理技術は、当地の環境の基本的な性質に対して細やかに適合させられているという意味で即地的であり、環境の変化する性質に対しては順応的であると言い表せるものと考えます。土壌の侵食・運搬・堆積は水流の基本的作用であるために、他の地域の山道で用いられる技術に共通する面は

ありますし、近代土木技術は各地へ画一的に導入されてきています。そのような中で、地域の環境条件の細かな違いに対応して、以前から地域で使われてきた技術をもとに各地で試行され、確立されてきた技術は、地域ごとの差異が明瞭でなくとも地域的な技術であり伝承知であると考えられます。なお、近年は、環境省が地球温暖化や災害の激甚化に即して自然公園の管理に用いる技術指針の見直しを図るなどの動きが起きてもいます。

4 地域の伝承知と科学知を合わせて用いる効果とレジリエンス

天生県立自然公園に広く見られるブナ林については、土壌の保水機能が比較的高い一方で（含水率40～70％。スギ林では30～50％）、土壌層厚が平均1m未満と厚くなく、ふだんの土壌水分が多いことで1時間に100㎜以上の雨が降ると地表流が発生する可能性があることが報告されています（大貫ほか 2020）。同公園の探勝路、登山道で用いられる木々の根を守る技術に備わる、土壌が雨に流されて失われることを抑える効果は、こうしたブナ林の性質に適うと考えられます。また、木々が風に倒される風倒、雪に倒される雪倒が防がれることは、木々の樹冠の密な重なりから風がその上空へそらされる効果を保つことに結びつきます。樹冠の密な重なりは、林床へ降りる雨を減らし、雨の滴が地面に与える衝撃によって土壌が侵食されることを緩和する効果も果たします。

これらは、治山治水にも、神通川を介して富山湾へと至る水系の水源涵養と物質循環にも効果をも

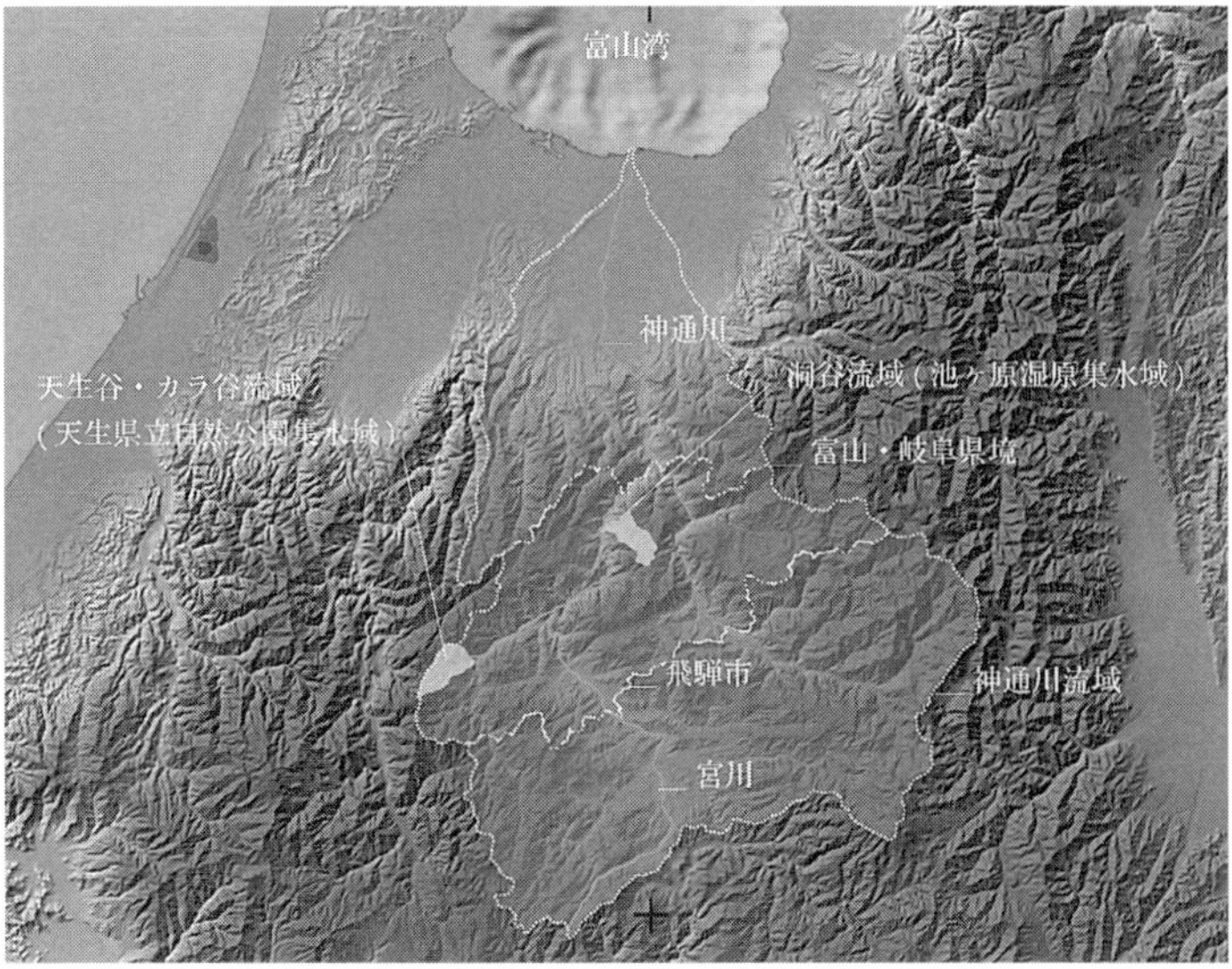

図4　神通川流域における天生谷・カラ谷流域

出所：国土地理院「地理院地図」より廣瀬改変（2019）

たらします（図4）。さらに、この公園には亜高山帯に生育するダケカンバのような植物や、山地帯から低山、低地までに分布するリョウブ、カツラ、ノリウツギ、東アジアの暖温帯林から低温帯林にかけて広く分布するフッキソウなどが生育します。これらの植物には、地球温暖化の影響から年平均気温が上がっても対応し得るものや、同じ影響から豪雪化が進んでも対応し得るブナのような種が含まれる可能性があります。かつ、これらの植物には食用や薬用といった人間から見た用途を有する種類が多いことを考え合わせて、ここは豊富な生物資源の貯蔵場であるともいえます。天生県立自然公園は、神通川支流の水源域にあることから、神通川流域全体に対する地域の遺伝子を持つ多様な植物の供給源ともなり得ます。このように、地域の伝承知と科学知を組み合わせて用いることは、公共の利益をもたらし得ます。ただし、人間がどうしても他の生物を利用しなければ生きられないにしても、彼らを資源と見るなどする人間中心主義については、今後一層厳格に検討、議論されてゆく必要があるのではないでしょうか（奥野ほか 2021）。

地球温暖化は、すでに進行している人災と考えられます。また、旧河合村誌には、火力が弱いため薪炭に向かず、加工後に狂いが生じやすく用材にもされなかったブナが、第二次世界大戦の後に合板の素材として伐採の対象となったため、「原生林も大へん少なくなった」、だから「残っているブナ樹の原生林は是非永久に残したい」と書かれています（河合村役場 1990：128頁）。このことも、地域の物質循環と生態系を損ねて人間の種々の営みを成り立たせなくする緩行性の人災と見ることができます。そこから、天生県立自然公園における地域的な土地利用管理技術の開発と進展によって、同公園の管理に携わる人々は、実は将来の災害への防備だけではなく進行中の人災がもたらす外的衝撃の影響の緩和にも取り組んでいると考えることができます。

このように人間が、風景の成り立ちを見る見方を通して環境の構造を理解し、地域の伝承知と科学知を組み合わせて用いることで人為による自然の改変の抑制を図り、すでに生じている地球温暖化に対しては順応的に処してゆくことは、人間社会のレジリエンスの一端に当たるのではないでしょうか。

5 地域共同体としての順応性の獲得

個々人が、風景の見方と共に、地域に対して順応的かつ即地的に思考でき、はたらきかけができるための知識と技術を身につけるべく努めることは、人間が地域の物質循環と生態系の中で生き続けられるために必須と考えられます。そして、すべての伝承知と科学知を単身で身につけることは不可能ですが、例えば地域共同体における協働の中では各々の不足を補い合い長所を生かし合うために協力することが求められ、一つにはそうした経験を通じて地域共同体として地域に対する順応性を高めてゆくことが可能となるのではないでしょうか。東日本大震災津波被災地で、地域共同体に継承されてきていた伝承知の応用によって避難した高台の土地の周囲での水や食料などの物資、資材の確保が可能になったとの報告例などから、そのように考えます（千葉 2013）。また、個々人の風景の見方は少しずつ異なりつつ、しかし大きくは地域の自然に人が暮らしや生業を通してはたらきかけてできた結果である風土（薗田 1988）を共通に観ていることは、個々人と地域および地域共同体との関係が保たれるために重要であると考えられます。

参考文献

有本健男（1999）「歴史における日本の近代科学技術体制―後発国による近代科学の受け入れ」『情報管理』42

（１）：85－89頁　DOI: https://doi.org/10.1241/johokanri.42.85
千葉拓（２０１３）「海と漁民と防潮堤—故郷の揺るぎない魅力と誇りを次世代に」『現代思想』２０１３年３月号、79－85頁
風土形成事務所（２０２０）「天生県立自然公園環境デザイン計画策定業務委託報告書」飛騨市河合振興事務所　【図１、２出典】
岐阜県（１９９６）「県立自然公園指定調査事業—天生峠周辺—基礎調査報告書」
豪雪地帯対策特別措置法　https://elaws.e-gov.go.jp/document?lawid=337AC1000000073（２０２２年８月30日アクセス）
平川南（２００２）「古代における地域支配と河川」『国立歴史民俗博物館研究報告』96：３５１－３９１頁　DOI: http://doi.org/10.15024/00001046
廣瀬俊介（２０２１）「天生県立自然公園解説サイン・説明図」飛騨市河合振興事務所　【図３出典】
堀大才（２０１４）『樹木診断調査法』講談社
石川佳市（１９９６）「宮城県の土地改良と米」『農業土木学会誌』64（３）：２８５－２８７頁　DOI: https://doi.org/10.11408/jjsidre1965.64.3_285
環境省（２０１３制定、２０２２改定）「自然公園等施設技術指針」、および参考情報　https://www.env.go.jp/nature/park/tech_standards/02.html（２０２２年８月31日アクセス）
河合村役場（１９９０）『飛騨河合村誌　通史編』河合村役場
国土交通省「ハザードマップポータルサイト」　https://disaportal.gsi.go.jp（２０２２年８月29日アクセス）
国土地理院「地理院地図」https://maps.gsi.go.jp（２０２３年１月５日アクセス）
奥野克巳／近藤祉秋／ナターシャ・ファイン編（２０２１）『モア・ザン・ヒューマン—マルチスピーシーズ人類学と環境人文学』以文社

大貫靖浩・小野賢二・安田幸生・釣田竜也・森下智陽・山下尚之（２０２０）「ブナ林土壌の二面的保水量評価―岩手県安比高原を対象として」『森林立地』62（２）：91－１００頁
薗田稔（１９８８）『神道』弘文堂
「橋下徹氏、九州南部の豪雨被害に『そもそも住む場所を変えていくことが必要』」『スポーツ報知』２０２０年7月6日付　https://hochi.news/articles/20200706-OHT1T50100.html（２０２２年8月29日アクセス）
渡辺尚志（１９９４）「新田開発はどのように行われたか―千葉県・椿海の干拓事業の場合」『日本の歴史を解く１００話』文英堂、２５０－２５３頁

COLUMN
コラム

〈5〉地域共同体の意義と問題点

廣瀬俊介

かつて、同じ地域に暮らす人々の間には、生業から屋根の葺き替えなどの家屋の補修、冠婚葬祭、祭礼、経済的な助け合いまでを互いに協力して行う関係が結ばれていました（Najita 2009〔ナジタ ２０１５、五十嵐監訳〕）。そのような地域共同体としての人間関係は、近代化による暮らし方や働き方の変化を受けて弱まったものの地方にはまだ残り、都市でも自治会や地域福祉活動、また災害に遭った際などにおいてその機能が果たされています。

一方、地域共同体には、次のような問題も見られます。２０１１年東日本大震災の被災地復興においては、津波に壊された防潮堤を震災前の高さの数倍までに高くする事業が広く行われました。その是非をめぐり各地区で住民の意見が分かれましたが、「震災後はコミュニティの重要な意思決定が長老たちに委ねられていく状況があり、若い世代は長老たちや地域の有力者たちの意見に抑えられている構造が浮き彫りになった」「住民同士の対立を避け、問題の無意識化に向かう社会にあって、社会の矛盾を意識化した人々は抑圧されている」といった指摘がされています（秦 ２０１５：12頁）。

こうした不平等は、日本の近代化が「地方や家族」などの「中間集団の、個人を拘束する前近代的な共同性」を「残存ないし再編」しつつ中央集権制下に接続し活用しながら進められたことに関係するとの見方があります（小熊 ２０００）。その意義と問題点の歴史的検証の上に、地域共同体の今後を考えることが求められます。

参考文献

・秦範子（２０１５）「災害復興における住民参加のプロセスに関する考察―津波被災地の防潮堤問題に向き合う地域の実践を事例として」『環境教育』25（２）：３－15頁　DOI: https://doi.org/10.5647/jsoee.25.2_3

・Najita, T.（2009）"*Ordinary economy in Japan: a historical perspective, 1750-1950.*" The University of California Press, Oakland〔テツオ・ナジタ（２０１５）『相互扶助の経済―無尽講・報徳の民衆思想史』五十嵐暁郎監訳、福井昌子訳、みすず書房〕

・小熊英二（２０００）「『日本型』近代国家における公共性」『社会学評論』50（４）：５２４－５４０頁　DOI: https://doi.org/10.4057/jsr.50.524

第IV部

ひとをよみがえらせるレジリエンス

第10章

ひとをよみがえらせるちから

――イメージの世界

桝蔵美智子

筆者は、臨床心理士として個々人の心理的な相談：人間関係の悩み、自分自身の性質について、あらゆる不安や心配、そこにまつわる症状（眠れない、食べられない、気分が落ち込むなど）に携わってきました。臨床心理士は医療機関、福祉施設、教育現場など幅広い領域で働いています。こうして心理的問題について話を聴きながら、専門的な視点をもって、主観的にも客観的にも関わり、相談にいらした方と共に何らかの解決の道を見つけ出していこうとするのが、わたしたちの仕事です。またこうした関わりを心理療法と呼びます。この章では、心理療法のなかで、個々人のこころのなかで生じる困難を切り抜ける力、復活しようとする力、癒える力などのレジリエンス要素に着目していきます。

1　しぜんとじねん

心理療法では、カウンセラーが真摯にお話を聴いていくなかで、相談者がなんらかの解決を見出していきます。しかし、ただ聴くだけではありません。S・フロイトは、人が無意識のうちに抑圧しているものを想定し、親子など重要な人との間でおこった感情などをそこに押し込めていると考えて、それを意識化して克服することを大切にしました。C・G・ユングは、さらにその考えを発展させて、人の無意識に普遍的にあるイメージを想定しました。そして夢や絵画などイメージが象徴し、意味するところを理解し、患者さんたちに伝え共有し、症状や無意識が示している方向性を積極的に治療に用いたのです。それは、症状のなかで、あるいは治療のなかで自然発生的におこってくるようなイメージです。治療者という理解者を得て、活発に現れ、治癒につながっていくことがあります。あたかも、心のなかに「自然（しぜん）」に満ちた世界があり、それがおのずとうごめき、人をあるべきように導くような動きです。それを河合隼雄は、「自然（じねん）」としてエラノス会議（注：スイスのアスコナで、1930年代にルドルフ・オットーの提唱により始まり、東西の宗教学、神話学、深層心理学領域などの学際識者により開催された会議。ユングも招かれ参加。日本からは井筒俊彦や河合隼雄などが招待された）で講演し、著作にも残しました（河合 1986）。河合の治療論でもあります。以降、しぜんとじねんは、以下のような意味合いで使用します。しぜん：森羅万象、じねん：しぜんのなかのあるべきような方向へのうごき。

近代に入るまで、人は山や森を敬い、生活の中で実感するものとして生きてきました。その後、文明が発展するにつれて、自然は制御されうるものとなり、自然への畏怖や敬意の念も薄れてきました。しかし、これらは、心のなかでイメージとして生き続け、無意識のなかの自然として存在しています。とりわけ、欧米のように自然を切り、一線をひいてつくってきた文化とは異なる、精神的な歴史がある日本では、多様な芸術文化のなかに、あるいは近代技術のなかに、豊かな自然が、時には遊びの精神をもって生き続けています（ギーゲリッヒ　２０２２）。それは、心理療法では、夢、描画、箱庭療法というものの中に現れます。この章では、文学作品を通して、イメージの中にみられるしぜんとじねんについて考えていきたいと思います。

2　こころのなかの森

『暗夜行路』（志賀直哉　１９３７）――文学作品にみられる夢

主人公の謙作は、祖父と母の不義の子として生を受けたことを知り、苦悩します。やがて自身も家庭をもちますが、子どもの病死や妻とそのいとこの関係に思い悩み、独り鳥取の大山に向かいます。そこで、夢をみて、大いなる自然に融合するような経験を得て、苦しかった過去や生を慈愛に満ちた気持ちでそのままにうけとめていきます。この夢の経験が、心理療法の過程でおこることと近似していますので、文脈に添って、心理療法的な解釈をしていきます。

［夢1］神社の生き神様の夢（大山滞在中の寺にて）

その夜、謙作は妙な夢を見た。

神社の境内は一杯の人出だ。ゆるい石段を人に押されながら登って行くと、遠く石段の上に大《たい》社造《しゃづくり》の新しい社が見える。今、其処《そこ》で儀式のようなことが始まっている。然《しか》し彼は群衆に隔てられ、容易に其処へは近寄れなかった。

石段には参詣人《さんけいにん》の腰程の高さに丸太を組んで板を敷いた別の通路が出来ている。儀式が済むと生神様《いきがみさま》が其処を降《くだ》って来るという事が分っていた。

群衆がどよめき立った。儀式が済んだのだ。白い水干《すいかん》を着た若い女——生神様が通路の端に現われた。そして五六人の人を従え、急足《いそぎあし》に板敷の上を降って来た。身動きならぬ儘《まま》に押され押され少しずつ押上げられていた彼はこの時、もっとぐんぐん其方《そっち》へ近寄って行きたい衝動を感じた。

生神様は湧立《わきた》つ群衆を意識しないかのように如何《いか》にも無雑作な様子で急いで板敷の路《みち》を降って来る。それは今鳥取から帰っているお由《よし》だった。彼はそれを今見て知ったのか、最初から知っていたのか分らないが、兎《と》に角《かく》その女の無表情な余り賢い感じのしない顔は常の通りだった。そしてしれは常の通りに美しくもあった。尚《なお》それよりも生神様に祭上げられながら少しも思いあがった風のないのは大変いいと彼は思った。彼はお由が生神様である事に少しも不自然を感じなかった。寧《むし》ろこの上ない霊媒者である事を認めた。

お由は殆《ほとん》ど馳《か》けるようにして彼の所を過ぎて行った。長い水干の袖が彼の頭の上を擦《す》って行った。その時彼は突然不思議なエクスタシーを感じた。彼は恍惚《こうこつ》としながら、こうして群衆はあの娘を生神様と思い込むのだ――そんな事を考えていた。

夢は覚めた。（志賀（2007：523-524頁）より抜粋）

謙作は、滞在先の大山にて、婚家から戻っているお由という女性の世話になります。赤ん坊を抱いて、親しげに謙作の世話をするお由をみて、妻直子の様子を想い起こし、そうした女性が男性からどのようにみえるのかを考え、それまでに起こった直子の事件をとらえようとしていきます。そのようなときに、お由の夢をみます。生き神様、霊媒者としての様子が恍惚とした周囲との関係も含め現れます。ここでの神とはなんでしょう。鎮守の森にあって、普段は目に見えない形で、人の生活を守っています。夢では霊媒者の姿を通して、人のなかに顕現し、人のあいだを通って村をまわり、人の穢れをおとし、浄化し、新しい命を吹き込んでいきます。通常は、お神輿とお神輿を先導する山車などが、1年に1度、祭礼の際にその役割を担います。ここでは、女性がその姿をとって現れ、しかも普通の女性、お由に神が宿っていることが特徴的です。山の神は鎮守の森を通って、謙作の無意識を通過して、女性の姿になって現れました。これは、ユング心理学でいうアニマというものであり、霊魂、すなわち魂が、このようなかたちで現れたのです。言い換えるならば、人のこころのなかにある魂が、このようなイメージで現れたといえるでしょう。この儀式は、人のこころを高揚させ、自ずと近づいていきたいという気持ちになります。謙作もしかり、女性に近寄って、水干の袖のしたにふれます。そこでなんともいえぬ恍惚としたエクスタシーを感じるのですが、これは性的なものだけではなく、いわゆるヌミノース体験という、宗教儀式などの際に異界を経験して起こる感覚です。こうした経験を通して、人々は古代から中世にかけて鋭気を養ってきました。近代になり、そうした意味合いが薄れていく中、無意識の中にこうしたイメージは沈んで蒸留されており、人の意識に応じては、こだまのように瞬間的に夢などを通して顕現する、これがユング心理学がとらえる無意識や夢です。すでにこうした心のなかの**しぜんとじねん**の力にふれて、謙作は山登りをします。

謙作は関西から来た登山客と一緒に大山に登ります。事前に食した昼食で、下痢を起こしていた謙作は、体力的に限界を感じ、途中で集団から離れ、独り山で休息をとります。そのとき謙作が感じたのは、自分の精神も肉体も、大きな自然のなかに溶けていくような陶酔感でした。大いなるものに包まれ、そこに還元されていく、そんな感覚です。なるがままに溶け込んでいく快感だけが、なんの不安もなく感じられるものだったのです。この経験の後、作者は謙作がみた夜明けの風景を詳細に描き、最後に「稀有の事」として、ある感動を受けたと結んでいきます。自然、宇宙に身体が融合していくような感覚、『暗夜行路』の最もこころに響く場面です。

朝10時頃寺に戻った謙作は発熱し、さらなる夢をみます。

［夢2］足がうごく夢（下山して発熱なかに）

謙作は半分覚めながら夢を見ていた。それは自分の足が二本共胴体を離れ、足だけで、勝手にその辺を無闇《むやみ》に歩き廻《まわ》り、うるさくて堪《たま》らない。眼にうるさいばかりでなく、早足でどんどん、どんどんと地響をたてるので、八釜《やかま》しくて堪らない。彼は二本の足を憎み、どうかして自分から遠くへ行かそうと努力した。夢という事を知っているから、それが出来ると思うのだが、足は却々《なかなか》自分のまわりを離れてくれない。彼の考えている「遠く」というのは靄《もや》のなか、――しかも黒い靄で、そのなかに追いやろうとするが、それは非常な努力だった。段々遠退《とおの》いて行く、遠退くにつれ、足は小さくなって見える、黒い靄が立ちこめている、その奥は真暗な闇で、其所《そこ》まで、足を歩かせ、闇に消えさせて了えば、それを追払えると思うと、もう一ト息、もう一ト息という風に力を入れる、それには非常な努力が要った。そして、一《い》っぱいにそれが張ったところで、恰度《ちょうど》張切ったゴム糸が切れて戻るように、消える一歩手前で、足は一遍に又側《そば》へ戻って来る。どんどん、どんどん、前と変わらず八釜しい。彼は何遍でもこの努力を繰返したが、どうしても、眼から、耳から、その足を消して了うことは事は出来なかった。

それからの彼は殆ど夢中だった。断片的には思いのほか正気のこともあるが、あとは夢中で、もう苦痛というものはなく、只《ただ》、精神的にも肉体的にも自分が浄化されたということを切《しき》りに感じているだけだった。（志賀（２００７：５５７－５５８頁）より抜粋）

熱の中で、謙作は半分さめながら夢をみます。自分の足が勝手に胴体を離れ、あちこち動き回る夢です。半ば覚めているだけに、意識的にその足を遠くにやって消そうとするのですが、どうしても元の場所に戻ってきます。そうして、謙作は浄化されたということをしきりに感じていると描かれます。ここでは、この足の動きはなんでしょう。足は、自分の意志で動かすものであり、自我のうごきです。この自我は、心身ともに自分自身から逃れたく、あちこち遠くへとうごきまわるのですが、どうしてもそれはかないません。作者は浄化と書いていますが、必死に逃げ回り、十分もがいたからこそ、心身ともに浄化するという逆説的なことが起こります。だれしも苦しいこと、嫌なことがあったときには、そこから逃げたいと思うことでしょう。しかし、逃れようとしてもどこか頭の片隅で、逃れたい事象は残ります。ですので、逃れるということをしっかりやってみてこそ、逃れられないという事象に至り、やるだけやってみた中で浄化も起こり得るのです。実際に謙作は、家族の住まう京都を離れ、大山に逃れ、それでも妻直子から逃れられず、その形代《かたしろ》のようなお由に出会い、大山に登って自然に包まれます。逃れ、逃れて、自然に抱かれ、その足は浄化されていったのです。その振り返り、自省の内容が、この夢には現れています。作者の志賀直哉がどこまでそれを意識していたかはわかりませんが、心理療法で起こり得るようなじねんとしての夢が描かれています。また、夢1があり、謙作がじねんにひらかれていたからこそ、大いなるものを基盤として、夢2で自省し、浄化を実感する夢がでてくるという、流れになっています。これはしぜんやじねんとの関わりの中で起こった、謙作の治癒の過程と言えますし、自然描写の筆致も含めて、美しく、見事だと思います。

病床のなかで、謙作は京都からかけつけた直子の膝に手を置き、穏やかな顔で眠りにつきます。そして直子もその手を握りしめながら、自分はこの人から離れず、どこまでもつきそっていくと決意します。しみじみとした情愛のやりとりが、さりげないしぐさを通して描かれ、二人のあいだで起こった苦しみをこの夫婦が乗り越えていくであろうと推測されて、物語は終焉を迎えます。苦悩の末、相互の否定があるわけではなく、**しぜん**のなかでおこった**じねん**を基に謙作が癒され、新しい関係にひらかれていく。この**じねん**が人のこころにあるレジリエンスを生み出す本質的なものだと思います。

『セロ弾きのゴーシュ』、『なめとこ山の熊』（宮沢賢治　1934）——自然と共に生きる

宮沢賢治も、**じねん**のもつ力、それが人とのあいだでどんな力をもちえるかをよく知っていた人だと思います。ここでは2つの作品を通して、山、動物、人の関係について考えていきます。

『セロ弾きのゴーシュ』は、金星楽団に所属するゴーシュが、団長にきつく叱られ、一所懸命練習するなかで、一晩ごとに動物に出会っていくお話です。最初に出会った猫は、なんだかはちゃめちゃなことを言うので、あたかもからかわれているように思い、怒り狂ったゴーシュは、「インドの虎狩り」を思い切って弾きこみ、猫をびっくりさせて追い出します。次に出会ったかっこうは、音階を真摯につかもうとしている鳥でした。ゴーシュはこれにきちんと応えられなかったため、かっこうは窓からぶつかりながら出て行きます。その次は狸。狸は、ゴーシュにリズム感を要求します。ここまで

の間で、ゴーシュは怒りのエネルギーをもって弦に接し、音階やリズム感を身につけ、秩序をもって音を奏でる力を得ていきます。最後にあらわれたのは、ねずみの親子。母ねずみは、子ねずみを楽器のなかに入れて、ゴーシュに演奏を依頼します。身体のようなチェロのなかに抱かれて、子ねずみは心地よい治癒を得てかえっていきます。その後の演奏会で、シンフォニーの演奏は大成功。そしてゴーシュはアンコールをせがまれ、「インドの虎狩り」を見事に奏でて、大喝采をあびます。動物との出会いのなかで、必死に練習し、いつの間にか成長していたゴーシュ。そんな物語のなかに、動物というイメージの持つ可能性が多分に感じられる作品です。(川嵜 2006)

『なめとこ山の熊』は、文字通りなめとこ山に住む熊と淵沢小十郎の物語です。とてもおもしろいのは、この山に住む熊たちが、小十郎のことをすきだと記されている事です。そして小十郎の方でも、生業で熊を撃ちつつも、「熊。おれはてまえを憎くて殺したのでねえんだぞ。おれも商売ならてめえも射たなけぁならねえ。ほかの罪のねえ仕事していんだが畑はなし木はお上のものにきまったし里へ出ても誰も相手にしねえ。仕方なしに猟師なんぞしるんだ。てめえも熊に生れたが因果ならおれもこんな商売が因果だ。やい。この次には熊なんぞに生れなよ」と断っています。こうして熊の命を尊重しているからこそ、熊たちは小十郎がすきなのだということがわかります。ある日、小十郎は熊の母子に出会います。子熊が母熊に甘えて話している会話をききおよび、その場をそっと立ち去ります。生活が苦しいにもかかわらず。そんな優しさをもった小十郎は、荒物屋で大事な熊の毛皮などを二束三文で買いたたかれ、つらい想いをしています。ここに、もうしぜんを生業として生きていけない、しぜんを犠牲にして消費していかざるを得ない、近代社会の構造が見え隠れします。熊を撃って売らざるを得ないが、やっとの思いで持ち込んでも、このように変換、交換され得る、資本主義の搾取や矛盾が見事に描かれています。交換の原理には、自然を傷つける要素が多分にあることを示しているのです。小十郎は最後に熊に殺されてその命を終えます。その最後の瞬間にも、小十郎は自分を殺した熊を憎むのではなく「これが死んだしるしだ。死ぬとき見る火だ。熊ども、ゆるせよ」と、あくまでも命への敬意を示してその生を終えます。文章のひとつひとつが詩のようなのですが、最後の場面が特に詩的美しさをもって描かれますので、そのまま本文を掲載します（以下、宮沢（1967：243-244頁）より抜粋）。

その栗《くり》の木と白い雪の峯々にかこまれた山の上の平らに、黒い大きなものがたくさん輪になって集まって、おのおの雪に黒い影を置き、回回教徒《ふいふいきょうと》の祈るときのように、じっと雪にひれふしたままいつまでもいつまでも動かなかった。そしてその雪と月のあかりで見ると、いちばん高いところに小十郎の死骸《しがい》が半分座ったようになって置かれていた。

思いなしか、その死んで凍えてしまった小十郎の顔は、まるで生きているときのようにさえざえして何か笑っているようにさえ見えたのだ。ほんとうにそれらの大きな黒いものは、参《オリオン》の星が天のまんなかに来ても、もっと西へ傾いても、じっと化石したようにうごかなかった。

態に敬意をもって見おくられた小十郎。美しい最後です。小十郎の生活に何か変化があったわけではありません。山に帰する命、その終焉に美的で哲学的な意味合いをおくこと、そこに特有のレジリエンスのありようがみてとれます。現実的になんの救いもないのだけれども、ここに美しい生をまっとうしたと意味づけること、そんな日本特有のレジリエンスを宮沢賢治の作品にみてとれるように思います。

3　現代の小説とこころ

吉本ばななと村上春樹の作品について

これまで取り上げた作品は、前近代ともいえる、大正時代の作品が中心でした。さて現代に生きるこころのなかの自然のイメージ、しぜんとじねんとはどんなものでしょうか。

自然がそのまま現代のこころにも生きている可能性を示すもののひとつは、吉本ばななの作品群でしょう。彼女の作品には、川や湖、虹などの自然、そしてその土地がもつ力が人を自ずと癒していくような世界観が描かれます。ここでは『体は全部知っている』（吉本　２００２）という作品の中の『みどりのゆび』をとりあげます。主人公の女性は、入院中の祖母を何度か訪問します。この祖母は、植物を育てることがだいすきで、まるでその植物のこころを読むようにして、植物の目線で水やりをし、見守り育てる人です。ある日この祖母は主人公に、無造作に植えられた家のアロエを切らないように懇願します。なんだろうと思いながら玄関先で邪魔になるほど生い茂ったアロエを、せっせと掘りだして植え替えます。その後、祖母の没後にしばらくして、一人旅をした主人公は、山の中で何かの気配を感じます。優しいまなざし、熱くて懐かしいものにそっと包まれているような感じ。それは民家の庭のアロエから発せられるものでした。アロエは何か言いたそうにしているようにも感じて、主人公は植物との縁を感じます。「どのアロエにも等しくあの夜に植え替えたアロエの友達だ。人間と変わらずに縁ができていく。こうしていろいろな植物と私はお互いに見つめあっていくのだ、そう思った。」植え替えて生を再び得たアロエは、こうして地でつながっていて、あたたかいものや優しいものにつながっていきます。それは、祖母から受け継いだ「みどりのゆび」なのです。祖母の植物とのご縁は主人公につがれて、彼女の現実の仕事につながっていきます、あたたかな心をもって。ここに吉本ばなならしい、自然との縁のなかで生きる人のありよう、そうした価値観が人から人につながれるありようが、特有の優しさをもって描かれます。

これに対し村上春樹は、こうした自然になかなかつながりにくい、現代の解離を描きます。『羊をめぐる冒険』（村上 2004）では、羊の皮をかぶったような羊男が登場します。北海道の山奥に住み、開拓や戦争の傷跡を感じさせる、諦観をもった存在です。ここでは羊は何の意味ももたず、羊との関係性も不明です。すなわち形骸があるだけで無意味なのです。こうして自然は、人から解離した存在として記号のように立ち現れます。だからこそ村上春樹作品の主人公の男性たちは、この解離の中でもがき、閉塞感のある中で女性を探したり、井戸にこもったり、暴力のあるところを探ったり、自分のルーツを探ったりしてもがくのです。解離した世界のゆくえを村上春樹の作品群は探っているともいえます。このひとつの解は、自分自身のなかに深く潜ることです。だからといって何か新しい方向性がみえたり、解離したものが融合するということもないのですが、自身のなかに深く深く潜り、かつて源が同じだったところまでさかのぼる、そして新しくみえてくるものに賭ける、そんな可能性を村上作品は表現してきていると感じます。これは心理療法で夢をみていく過程に似ています。こころのなかに深く潜って何かを汲みとり、意識に戻っては考え、無意識と意識の間で対話するようにして自己の可能性を探っていく、そして自ずと治癒がおこってくる瞬間を待つのです。村上作品では、主人公たちはこころの旅をして現実世界に戻り、新しくみえてくる世界が曖昧ながらも読み手に推測されるというところで物語が終わっていきます。ここから先の物語は、今を生きるわたしたちの心理的課題でもあるでしょう。

吉本作品では、**じねん**がまだ、現代の矮小化された感覚のなかにも有機的に存在し、生きているということを示していますし、村上作品のなかでは解離という現代の心理的問題が抱える現象を多角的に表現し、自身の中に深く潜ることの重要性と可能性を示しています。**じねん**と深い自己への潜入が、レジリエンスの契機となりえるのだと思います。

4 子どもたちが生きる森

ポケットのなかの野生――ゲームのなかの世界

さて未来を担う現代のこどもの世界は、どのようになっているのでしょうか。中沢新一氏は、『ポケモンの神話学』（中沢 ２０１６）で、ポケモン制作にあたったクリエーターが、自然の残る東京の町田市で生まれ育ったことに注目しています。初期のポケットモンスター群が、野生の動物たちをかたどったものであり、実際の虫取りの場面が、ゲームの画面に映されていることを指摘しています。またこの野生のおもしろみが、ゲームのおもしろさとつながっており、しぜんの性質が、遊びの精神をもってつながっています。現代技術を通して生き物のもつ魅力が再現され、その性質をたのしみながら遊ぶことができるのです。

近年メタバースということばや、バーチャルリアリティー（ＶＲ）ということばが行き交うようになりましたが、筆者の勤務する大学でも、学生がその世界観や界隈をみせてくれることがあります。ＶＲでは、実際行けないようなところに旅しているような気持ちにもなれますし、キャラクターにのりうつって会合に参加することもできます。すべての言動が、イメージのみの世界観で執り行われます。この世界では森に入って冒険することもできれば、動物と触れ合うこともできます。こうした世界が、現実の自然のもつどんな性質を本質的に継承していくのかいかないのか、あるいは現実世界とヴァーチャルな世界の解離がどんどん進むのか。こうした世界観とレジリエンスがどのように関わりあっていくのか、興味深いところです。

5 レジリエンスにつながるじねん

この章では、河合隼雄のいうしぜんとじねんに注目し、文学作品を通して心理療法と重なるような事象をみてきました。しぜんのなかに身をおくということは、夢が生じるなど、じねんの契機になりやすいところがあります。また自身のなかに深く潜っていくと、こころのなかのしぜんにふれることがあり、そこから派生するじねんもあります。さらには、ヴァーチャル空間でのしぜんとの関わりが、じねんのような感覚の契機となることがあります。これらすべてのなかに、レジリエンスの可能性がありますす。ひと、しぜん、そしてその関わりの相関のなかでおこり得るじねん。相互浸透性とは、河合隼雄が日本人の性質をあらわすために使ったことばですが、自我がしぜんにとけていくようなありかたをしているからこそ、このようにしぜんが生きて、じねんが生じる契機となるのでしょう。じねんは、レジリエンスの本質でもあると思っています。

参考文献
W・ギーゲリッヒ（2022）『仏教的心理学と西洋的心理学』創元社

河合隼雄（2022）『夢・神話・物語と日本人　エラノス会議講演録』岩波現代新書
川嵜（桝蔵）美智子（2006）『「セロ弾きのゴーシュ」に関する一解釈』富山大学国語教育学会
宮沢賢治（1967）『童話集 風の又三郎　他十八篇』より「セロ弾きのゴーシュ」「なめとこ山の熊」岩波文庫
村上春樹（2004）『羊をめぐる冒険』講談社文庫
中沢新一（2016）『ポケモンの神話学』角川新書
志賀直哉（2007）『暗夜行路』新潮文庫
吉本ばなな（2002）『体は全部知っている』文春文庫

第11章

カーヤヴェ・カイラーサ
——山のように生きる能力にレジリエンスを見る

千葉　一

私たちは、「最小の犠牲で、最大の利益」を追求する利潤原理の中で暮らしています。しかし現在、それは過度なものとなり、私たちは動植物など多種多様な存在に対して専制主義的態度を採っています。ここでは、そうした人間の生態を戒めるものとして新型コロナウイルスを捉え、利潤ではない「救済としての経済」への回帰について考えます。その回帰がもたらす多種との「魂の共鳴」について、インドの神秘主義思想やその実践運動からアプローチし、多種を包摂する山や森と人間との相互救済の中に、レジリエンスを探していきます。

1　COVID－19に寄り添うインド的なもの

ロックダウンの向こうにヒマラヤが見える

山というものが、「世界の中心」や「世界の柱」を意味することがあります。そうした山は「原山」と言われ、仏教の「須弥山」やヒンドゥ教シヴァ派の「カイラーサ山」、ユダヤ教の「ゲリジム山」などがあります。中心や柱ということにあやかって、山は権威や支配の象徴ともされます。宮殿・神殿・寺院などの建造物は、この聖なる山の威光を借り巨大に造られるので、それらは人工的に造られた「山」ともいえます。

しかしこの人工的な山には、「俺の言うことを聞け！」というような強制や威圧的な風が漂っています。そこに息苦しさはあっても、山や森と人間の間に生気が流れつながるような感覚はありません。「人以外の存在や現象に、人と同質の魂が宿っていると感じられることが、アニミズムの正体」（奥野2020：23頁）とされます。山（森）と人（社会）はその生気のつながり、または生命が持つ魂を共有しているとも思います。姿かたちは違っていてもつながっていて、実はお互いに近い関係なのかもしれません。

2020年4月、インドのパンジャーブ州から約30年ぶりにヒマラヤ山脈が見晴らせたというニュースがありました（CNN 2020）。新型コロナウイルス対策のロックダウンで、インド全土の大気汚染が劇的に改善したからです。それは、ウイルスとの闘争ではなく、相待的に対応した結果でした。封じ込めや隔離、不活・停止しなければならなかったのは、人間の凶暴性や技術的優位性の方でした。人がそうした過剰を低減させることで、ウイルスと共存したり協働したりして、物事の改善がはかれることを教えています。

ウイルスに相待する共存は、それを自然のメッセンジャーとして捉え、心を通じ合わせ対話することかもしれません。ウイルスや自然の脅威を災禍と見なし、文明の利器で一方的に押え付けるのではなく、ＣＯＶＩＤ－19などの言い分に耳を傾け、宥め癒すような良好な関係の構築だと思います。自然界の多種多様な存在との対話や相互理解をあきらめず、その痛みや苦悩を認知・同感し、過剰な経済活動や利潤追求の犠牲となっている多種多様な存在を救済し共生する「利潤から離脱した救済の経済」という生態だと思います。

しかし、自然や生態系の破壊や気候変動の諸問題を突き付けられても、私たちは物質的な単調増大型成長を旨とする信仰に疑問を持たず、利潤蓄積に奔走しています。小手先の微調整を重ねることで、この途方もない問題を解決できると楽観しています。基本的には、多種に対する専制的生態に変更はありません。経済至上の現実主義や人間中心主義の固定観念を根本から再考する、人間の生態的軌道の変更をＣＯＶＩＤ－19は私たちに示唆しています。その意味では、世界各地で実施されたロックダウンは「利潤追求から距離を置き、多種多様な存在を癒す」ような、今後の人間の生態変更の可能性を秘めた実験でした。

COVID－19は専制的な人間の生態をヨーガで矯正する

過剰な経済活動の生態を変更し、魂や精神的なつながりを回復する。外的・物的なものと内的・精神的なものの関係という意味で、その変更と回復は、「肉体という末端を矯正し、精神という中枢を癒す」ヨーガにも似ています。ヨーガの奥義は精神の安立、究極的には自分を越えた存在とのつながりや神秘主義的な合一にあります。そうした考え方は「梵我一如」と言われ、自然や宇宙の根本原理であるブラフマン（梵）と個々の存在を支えるアートマン（我）は同一であり、存在する総てのものは無差別平等であると説きます。つまり「私は貴方であり、草であり鳥であり、山であり川であり海であり…宇宙でありブラフマンである」と感じることです。

　その構図から言えば、ロックダウンによる経済活動の制限は、感染拡大を防ぐに止まらず、ヒマラヤという大自然とのつながりを感じる神秘主義でした。経済活動の低減、利潤得失の度返しとも言える「救済」（本務の遂行）は、「結果的」にウイルスの故郷の山や森、そこに共生する動植物や土や水への癒しにも等しい行為でした。しかしそこに、人間と人間以外との無差別平等の意識はあったでしょうか。意識していなかった「結果」でなく、より意識的に人間以外と同質の魂（アートマン）故の、神秘主義的合一の志向性を持ってみてはどうでしょうか。その合一の一道に、カルマ・ヨーガ（行道）があります。与えられた仕事（本務）を欲望・損得抜きで誠実に遂行することです。利潤に拘泥せず、巨大な問題に専心する。その本務とは、経済というものを「救済」という本来の生態に戻し、救済を人間以外にも拡大することです。

　また、バクティ・ヨーガ（信道）と呼ばれる信愛合一の道があります。身も心も捧げて神を一心に信愛することです。いま問われているのは、誰を神として信愛するのか。目の前で苦しむ見知らぬ他者か、破壊が進む熱帯雨林か、森を追われるオラウータンか、プラスチックの海を泳ぐ魚たちか。バクティもまた、その多種多様な信仰対象を癒し救済することです。その多様な神々を、同質の魂を持つものとして癒すことにより、私たちは海や山、森や川というブラフマンに合一するような、世界に溶け込むような生き方ができるかもしれません。

人間中心主義や新自由主義の専制によって、他者や他種への愛や共感は無意識へ抑圧・禁圧されています。過剰な経済活動の専制は、森など自然への抑圧（収奪・破壊）を強めて来ました。私たちの無意識は、抑圧を介して森と迂回的につながっています。森への抑圧がCOVID‐19として回帰したとすれば、それは無意識へと抑圧された私たちの愛や共感の別の顔です。それがロックダウンという社会の感覚運動器官（経済活動）を麻痺させ、代替満足的な転換ヒステリーを発症させています。COVID‐19は、その麻痺を癒すためには「無意識を意識化せよ」と、私たちの専制的意識に訴えています。

転換ヒステリーという病ではない、社会的なヨーガの意識的実践。それは経済的生態を矯正し、救済や献身的なものにすることであり、同時に自然との和解や合一を促す方向性です。ヒマラヤ遠望は、山や森とつながり合一するような魂の回復、「癒しと救済の経済」へと人間の生態を変更する可能性のヴィジョンであり、人とCOVID‐19をはじめ、多種多様な存在が絡み合い協働して再生した景観でした。多種類コミュニティの中で一人暴虐な振舞に終始するのではなく、共生にふさわしい救済・協働的な生き方によって世界を共同制作する能力に、私たちはもっと意識的であるべきです。

森の女神が病をもたらし、そして癒す

南インドを歩いていると、「マリヤムマ」と呼ばれる女神様が祀られている祠を目にします。それは天然痘を擬神化した神様とされます。「マリヤムマ」という言葉の意味は、カンナダ語で「mali」は「山・森」を意味し、「amma」は「母親・母神」を意味します。彼女は「森の女神」とされています。インドの友人に伝染病（COVID−19）について聞いてみると、「その原因は人間側の過ちにある。そのことにマリヤンマが怒り、森から病を送り込む」と。人と森との間の約束事やあるべき関係性、自然の摂理や秩序に対する侵犯が原因のようです。それを悔い、森を慰撫するように「人々はマリヤムマに捧げものをして、伝染病や子供の病の治癒を祈願している」と。人の社会に病をもたらす（禍）のも、その病を癒す（恵）のも、マリヤンマだと言います。人間を包み込む山や森や海、そこに暮らす動植物との複雑なやり取りの中で人間的な性質や特徴を獲得している以上、そうした命の森を見（観・診・看）ずに人間だけのことを語る人間中心主義・拝金主義は、何の役にも立ちません（奥野 2021：9頁）。人間だけの専制的支配（抑圧）ではない、多種類コミュニティ内での多（他）種の well-being（生活の良好性）に配慮できる能力が、私たちに求められています。

以下では、山や環境や抑圧の問題について、さらにインドの事例からアプローチします。カースト制の抑圧的な社会システムを根本から変革しようとしたヒンドゥ教の宗教改革を紹介します。そこでは、救済を忘れた人工的な山の問題が扱われ、私たちの生態軌道の変更を示唆するような「救済としての経済」、弱者への共感と労りの経済システムが謳われています。

2　12世紀南インドの宗教改革が詠うレジリエンス

山のように鎮座するシヴァ神にカーストは似合わない

宮殿、寺院などの人工の山、建立物や工場プラントなどは、インドでは総称的に「スターワラ」と呼ばれます。その語源は、「立つ」を意味する「stha」というサンスクリト語の動詞で、英語の「stand, stay, statue, stationary …」とも同根です。「建物」の他に、「固定、停滞、偶像、蓄蔵、富財」としての意味も持ちます。人工的な山や固定物であるスターワラに関して、12世紀南インドの宗教改革者バサワンナたちはそのフェイクに気づいていました。バサワンナは、リンガーヤタと呼ばれる人々のバクティ（信愛、献身）運動の導師でした。その運動は、シヴァ神へのバクティによって結ばれた共生社会を目指しました。具体的には、目前の人間関係の中にシヴァ（の霊性＝救済の姿）を認め、日常生活の中で互いをシヴァとして直接に崇拝（労り、救済）する、カースト社会とは異なる互酬的共同体でした（千葉 2016：193－194頁）。

カースト制は、人工の山であるスターワラと深く関係します。カースト制の最頂点には、壮麗な神殿に鎮座する金銀煌めく外来アーリヤ系の神々の威光が反映されています（図1）。その威光を具現した巨大な宮殿・寺院を拠り所とした上層諸カーストが下層カーストを支配してきました。下層カーストや先住諸民族を不浄と差別しつつ、搾取するシステムがカースト制です。上層カーストが依って

図1　神殿内に鎮座するヴィシュヌ神の化身ラーマの宗教画
出所：Gita Press Gorakhpur（CC0 1.0）, Wikimedia Commons

立つ巨大構築物の蓄積と原資は、下層カーストの苦悩と貧困に依っています。その意味で、スターワラを否定することは、下層カーストの人々の救済を意味します。

一方、絵画などに描かれるシヴァ神や、インダス印章に彫られたシヴァの原形とされる図像は全く異なります。シヴァが壮麗な神殿に安座することはなく、華美な宝飾で描かれることはありません。その多くは、大自然の中で山々を背景に、多種の動植物に囲まれた中で大地に鎮座し瞑想する姿です。過剰のない裸族的ルックスで虎の毛皮をまとい、体には灰を塗っている（焼畑農耕的背景）ため肌は青白い。アクセサリーといえば、髪飾りとして頭上に月を乗せ、頭髪にはガンジス河を湛え、首にはコブラを絡み付けています（図2）。シヴァの鎮座する姿そのものが、ヒマラヤを表現しているかのようです。

図2　大地に座り瞑想するシヴァとインダス印章に彫られたシヴァの原型

出所：左：nlmAdestiny(CC BY 2.0), Wikimedia Commons
　　　右：Wikipedia(CC BY-SA 3.0)

シヴァのように生き、山のように救う

蓄財などの過剰や抑圧に依る外来アーリヤの信仰や社会システムとは異なるものが、先住民族の救済には必要でした。彼ら自身の事に、彼ら自身の土着的な自然・野生の思考や信仰からアプローチする自律として、インド土着の古い神であるシヴァ神は12世紀の南インドに革命として顕われました。ここでは、そのシヴァへの帰依を詠った『バサヴァンナ口語詩集』（ಬಸವಣ್ಣ 1988）を参考にして、スターワラの虚構とカースト制の克服について考察します（詩の邦訳は筆者、括弧内に簡単な補足説明を入れた）。その中でバサヴァンナは、カーストを越えてこの世に構築される共生的社会を「シヴァローカ」（シヴァの世界）、あるいはシヴァの原山「カイラーサ」として詠っています。

神の世は人の世とは別の遠いものか？
この世にその永遠の世界を！

「シヴァローカ」とはシヴァへの務め（献身、救済）を為すところにこそ
その務め為す帰依者に出会えば　そこはもう「天国の門」
その帰依者の身体こそが「カイラーサ」
これが真実　ああクーダラサンガマ様（シヴァの別名）　（ಬಸವಣ್ಣ 1988：28頁）

「シヴァ神とは誰なのか」と言えば、それはシヴァを救済（信仰）する帰依者であり、その救済のために「身を粉にして働く」人々です。リンガーヤタにとって「労働は救済」であり、「救済は信仰」であり、それは「シヴァの霊性」にも等しいものです。「救済を担う者はシヴァ」に等しく、そのシヴァ帰依者が信仰対象とされます（「帰依者の体が私の体だと、シヴァ神は言う」（同：28））。救済に専心する帰依者にシヴァを感じ献身し、そのシヴァと魂を通わせ合一する。それがバサワンナたちのバクティでした。リンガーヤタの人々（帰依者たちの身体）は「シヴァではありませんが、シヴァではないとも言えない」のです。その身体・労働による救済の連鎖によって構築される相互崇拝（救済）的なシヴァ神共同体を、「カイラーサ」と呼んでいます（千葉　２０１６：１９４‐１９８頁）。彼らは、カイラーサというシヴァの抱擁を心の中に宿し、「人と山の無分別を生きる」ことを追求しました。それは、あの世とこの世、神と人、自然と人間を二分し物事を考えるような二元論的な生き方ではありませんでした。

シヴァ神は、「マッレーシャ」とも呼ばれます。カンナダ語の「malla」には、「山、森、突出した

もの、立ちはだかる、闘う、強い…」の意味があります。シヴァは明らかに、「山の神」の性格を持っています（図3）。また、「パシュパティ」という別名は「獣の主」を意味します。カイラーサ山に代表される山々、その野生や大自然に人々はシヴァを感じてきました。その自然からの多様な生態系サービスをシヴァからの恩寵・救済として受け取り、信愛を捧げてきました。山（シヴァ）によって生かされている人里というその他律の構造（マクロ）を、人の行動準則（ミクロ）としネットワーク化する。それが、リンガーヤタの互酬的共同体のシステムです。彼等はその内部にシヴァ（山）を宿し、シヴァ（山）として恩寵（救済）をもたらします。同時に、その行動準則は相互的で、救済によって疲弊し傷ついたシヴァ（帰依者、山や森、多種多様な生命）を癒し再生し救済する生き方が求められます。

図3　山の神としてのシヴァ神をイメージした油絵

出所：Janaka Stagnaro（CC BY-SA 4.0），Wikimedia Commons

「身体こそがカイラーサ」（kaayave kailaasa）というリンガーヤタの魂とも言えるこの言葉は、単に「体（人）＝山（シヴァ）」という同置を静態的に述べているのではなく、「カイラーサのように生きる、カイラーサのように癒し救う」という極めて動態・能動的な倫理要請です。「シヴァのように、山のように生きる」ことが、彼等のバクティであることを宣言する象徴的な言葉です。労りや救済として実践されるそうした生き方・能力（魂）を持つにおいて、「山とシヴァと人」は姿かたちは違っていてもつながっていて、実はお互いに近い関係にあり、日常の生活の中での救済を通じて合一的な関係にあります。

「空」を流れるシヴァの魂になる

山やシヴァとの神秘主義、「山のように生きる」ことは、「人工的な山を造る」こととは異なります。前者はカースト制に喘いでいる弱者を労り救済し、カースト制を廃止しようとします。後者はカースト制の下層から搾取し蓄積し、上層カースト支配を維持しようとします。その搾取と自然からの収奪を原資として、寺院や宮殿などの「人工的な山」が建立されます。そのスターワラによって人々は、山や森との生気のつながりや魂の共振を絶たれ、カースト制の分節の中に押し込められ、貧困と衰弱を余儀なくされてきました。その構築と権威は蓄財や固定・停滞であり、そのプールは他方を枯渇させ、弱者を癒し蘇生する働きの流動を断ちます。

下層カーストの人々を救済するための、偏在・蓄蔵ではない遍く流れる社会システムが求められていました。その互酬的共同体においては、相互崇拝的に連鎖するシヴァ神信仰が共済的活動を活性化します。帰依者それぞれが、シヴァ（カイラーサ）の分身・化身として生き（救済す）る。カイラーサは、そうした救済や癒しを連鎖する帰依者たちによって構成され、弱者や困窮者を蘇生しながら流れていきます。その救済は「癒すことによって癒される」共感の連鎖、魂の滞りのない流れ、利潤や蓄財によらない身一つで為される「シヴァの魂」の表現です。それは過剰な生産諸力に依るのではない、巨大蓄財を回避した「共感という貨幣のフロー」が広汎に卓越する経済システムでした。

持てる者たちはシヴァ寺院を建てることでしょう
私は何を為しましょう　この貧しい者は
私の足こそが柱　胴体こそが聖堂　この頭をその尖塔に
ああクーダラサンガマ（シヴァ）様　お聞き下さい
スターワラ（固定したシヴァ寺院や偶像）には滅びがあり
ジャンガマ（還流するシヴァ共同体）に滅びはありません

（ಬಸವಣ್ಣ 1988：168頁）

石造りの立派な「シヴァ寺院」をシヴァの原山カイラーサに見立てても、それは模倣の人工的な山に他なりません。また、その聖所内にシヴァの石像を祀ったとしても、それもスターワラです。司祭が石造の中で石を礼拝しても、救済はないかもしれません。「シヴァ寺院」のことを「シヴァの家」という意味で、カンナダ語では「シヴァーラヤ」（shiva + aalaya）と呼びます。ここでバサヴァンナは、「シヴァを破壊」（shiva + laya）するという言葉を掛けて皮肉っています。宗教的権威の人工的山はいつかは崩れ去り、その物財の蓄積は救済を司る「家」とはならず、その寺院は逆に、「シヴァ共同体」という「家」を「破壊」すると言います（千葉 2016：212頁）。そんな生気のない固定した石ではなく、自分たちシヴァ帰依者の生きた身一つでの救済・献身・奉仕が「シヴァの家」（カイラーサ山）を造る。生きた人間たちの連鎖還流する癒しと救済、その支えあう「命のリレー」がシヴァ（の霊性・魂）であり、瓦解することのないシヴァの永遠の世界「シヴァローカ」だという意味が込められています。

その救済の「流れ・躍動」を「ジャンガマ」と言っています。その言葉は「スターワラ」とは正反対の概念で、「動く、活性、流動、躍動するもの、遊行者…」を意味します。弱者の救済に専心し躍動する帰依者は、ジャンガマを体現しています（千葉 2016：203頁）。その人は、救済に身も心も全て捧げる故に「空」（shuunya）をまとっています。人々は、そのジャンガマでありシューニャ（空）にこの世に顕現した地上のシヴァ神の姿を見ます。そのまとった「空」に向かって、帰依者たちの信愛と崇敬が、いたわり癒し救済と共に流れ込みます。そしてその流れは、次のジャンガマ（空）へと注がれ、血液のように循環していきます。シヴァ神とは、救済のために自己を消尽し「空」にした貧者・弱者として立ち現れます。「シヴァの家」は、救済のために自分を「空」にする人々ジャンガマを中核として、「空」を連鎖リレーするような「中空構造」（河合 1999：31－77頁）によって、その持続可能性を得ています。中心に権威や権力を固定し集積をはかり、その周辺を差別抑圧的に支配するシステムがカースト制でした。12世紀南インドのバサワンナたちの革命は、中空をジャックして聳え立つスターワラ（膠着した支配体制）を解体し、中空を連鎖リレーするジャンガマ（流動性）にすることを目指していたと理解できます。

シヴァを癒す、森を癒す

人間相互をシヴァ神として崇拝（救済）するミクロな信仰は、贈与交換の網の目を通じた全体的給付（分配）・平準化（平等）という社会経済的な現象を伴いました。しかしその対人的なミクロな信仰（救済）は、野生や自然からの多種多様な生態系サービスの本源への眼差し、シヴァへのマクロな信仰と分離してはいません。

シューニャ（空）を連鎖する帰依者・ジャンガマが、弱者を救済する互酬的共同体社会を支えていました。全体としてその共同体は「中空」の構造を持っています。その社会の中空構造が救済し支える対象は、シヴァ神に他なりません。なぜならば、シヴァ（山や森）は傷つきながら人々を支えているからです。自己を「空」にして傷ついた人々を救済するように、社会を「中空」にして傷ついた山や森を癒し蘇生することは、マクロの意味でのシヴァ神信仰の姿です。山や森を過剰に貪り集積した人工の山（スターワラ）を解体し、中空を取り戻す彼らの信仰は、「山のものを山に返す」「シヴァのものをシヴァに返す」蘇生のための還流です。森は、信仰という倫理（共感と救済）の流れの中にならなければならず、その森をケアーすることによって、私たちは森と一つになります。

目前の帰依者への信愛は、その帰依者の背景をなす山や森への遥拝と癒しへとつながっています。マクロなシヴァ神信仰は、解体したスターワタを「森の取り分」として返還し、シヴァと言う森や自然を癒し救済します。もちろんこうした信仰は、リンガーヤタのバクティに特異なものではありません。例えば、筆者の故郷の宮城県本吉町には手長様（ダイダラボッチ）伝説があります（第7章参照）。山（森）の恵みが海の豊饒を育み、その山の恵みと引き換えに手長様が巨大な手を伸ばし「森の取り分」として魚貝を浚っていくとされます。漁民たちは1950年代頃まで、その伝説的脅威に対して、アワビやマスなどの海の幸（魂）を手長山の頂に捧げお供えして和解をはかって来ました（千葉 2021：214-215頁）。また、宮沢賢治の作品「狼森、笊森、盗人森」の中で、村人たちは生活の糧を森からの許諾（贈与）のもとに受け取り暮しています。賢治は、それに対する「森の取り分」を自然の脅威として物語ります。村人たちはその脅威と向き合い話し合い和解し、穀霊宿る「粟餅」を森に贈ります（宮沢 1986：29-39頁）。

この2つの類似した「霊送り」には、短絡的な森との敵対や文明の利器による支配ではない、源郷としての森に配慮する生き方があります。人間以外の生命や自然と共鳴し「生命が持つ魂の同質性に気づく能力」（奥野 2020：23頁）、山と海の間の生態系（多種多様な生命のつながり）の縁起と不可分な「伝説や神話的祖型を反復する伝承の理性」を人々は持っていました。ここに至っては、リンガーヤタの人々の相互崇拝（救済）的なシヴァ神（山と動植物と人との曖昧）へのバクティ（帰依）を殊更に強調するまでもありません。人間が、多種多様な存在や命と結びついた共同体の中に存在していることを、その絡み合う状況世界において託された人間性を、それらの信仰や伝説や物語は反復的に提示しています。

3 レジリエンス――多様な生命に配慮する能力を開発する

カイラーサとの合一にみるように、シヴァ神信仰は山や森など自然を志向しています。多様な生命が宿る山や森の魂と通じ合う能力、自然の中に溶け込み森であり海であるような神秘主義的な求道だと思います。癒し癒され、救い救われる実践の中で、多様な誰かが誰かの神となります。それぞれ姿は異なっていても、そこには同じ魂の共振があるはずです。

シヴァやその共同体への合一を「あなたの足元の蓮の花園で蜂として暮らす」（ಐಐಐ 1988：8頁）や「人（帰依者たち）の森の中で小さなインコとして育つ」（同：12‐13頁）などとバサヴァンナは比喩します。これらの表現を単なる文学表現として、現代の私たちは軽く受け流します。人間と自然を二元論的に分離し、人間に精神性や理性を付しつつ自然を単なる機械や物と見做すデカルト的な自然観、優れた（過剰な）機器を駆使して自然を間接的に認知する私たちの感性からすれば、それは当然の限界かもしれません。しかし、人と自然と神との間に通じあう魂を感じながら、シヴァ神との合一によってカーストからの解放を切望した12世紀の人々の自然観は、私たちと同じだったでしょうか。

私たちはバサヴァンナの比喩（詩）を、単なる文学の技法と捉えるのではなく、「真剣に受け取る」（ウィーラースレフ 2018：298頁）必要があります。「人間と動植物」「社会と自然」といった二元論的理解ではなく、自然と不可分一体なシヴァに抱かれ、森を生き人を生きるような姿、その曖昧性に身を浸してみてはと思うのです。花と暮らす蜂や森に暮らす鳥と魂を通い合わせ、森の営みと人の営みが不可分一体となるような生き方についての模索を。それは、山であり森であり山の神であり獣の主であるシヴァのように、そこに暮らす多種多様な生命の well-being（生活の良好性）に配慮し癒し融合する能力かもしれません。その「配慮」が、多種が絡まり合いお互いがお互いを存在させる相待的でハイブリッドなコミュニティ（世界）で私たちに託された人間性だとすれば、私たちはその「能力」を発揮しているとは言えません。

自身の内奥に山を宿す。ここまで「山のように生きる」ということが、カーストという社会構造物を解体し山や森を再生するとして、バサヴァンナたちの信仰を見て来ました。それは、多様なシヴァが多様なシヴァを癒し相互救済しながら絡み合い協働し「世界を共同制作」するための能力開発、あるいは、自然や世界に参加するためのバクティ・ヨーガの実践でした。同時にそこには、現代社会が抱える諸問題、環境や格差の問題への提言も含まれています。彼等のバクティの姿は、多種への専制政治、利潤の極大化を図る能力の先鋭化など、そうした人間の生態を軌道修正するためのひとつの導きの糸かもしれません。

最後に、「バクティ」という言葉の語源について述べます。それはサンスクリット語の「bhaj」という動詞から来ています。非常に多様な意味を持っていて、「携わる、参加する、好く、交際する、付き添う、尽くす、与える、崇拝する…」の意味があります。その根底には、「つながる」という意味が潜んでいます。確かに、バクティは「信愛や献身によって神につながる（参加する）」ことです。でもここに来て思うことは、バクティとは、山や森や海、そこに暮らす動植物や人間以外とも魂で「つながる」能力かもしれないと。その連鎖する共感と救済の流れ、あるいは「多種多様な存在が同質の魂でつながっていると認知し、そしてつながることができる能力、関係しあい、対話し、共に生きることができる能力」。それが「レジリエンス」であると、本稿を書き進めながら気づきました。

その能力「レジリエンス」を志向する意味で、自己と他者、人間と人間以外、生と死、そうしたONかOFFかの二進法や二元論の科学を一端横に置き、「Aではないが、Aでないとも言えない」という曖昧な生き方を、「真剣に受け取って」みてはどうでしょうか。

参考文献

ಬಸವಣ್ಣ 1988 ರ್. ಸಿ. ಹಿರೇಮಠ (ಸಂಪಾದಕ) ಬಸವಣ್ಣನವರ ವಚನಗಳು, ಮುದ್ರಾಮಠ, ಧಾರವಾಡ (ಭಾರತ).

千葉一（２０１６）「インドの経済開発と帰依の経済学―その固定と流動をめぐって」野崎明編『格差社会論』同文館出版、１７９‐２１３頁

千葉一（２０２１）「椿の民俗から思考する震災復興の祖型」原慶太郎・菊池慶子・平吹喜彦編『自然と歴史を活かした震災復興―持続可能性とレジリエンスを高める景観再生』東京大学出版会、１９５‐２２１頁

ＣＮＮ（２０２０）「インド北部から数十年ぶりにヒマラヤ眺望、新型コロナ対策で大気汚染改善」（２０２０年4月10日付）https://www.cnn.co.jp/world/35152184.html

河合隼雄（１９９９）『中空構造 日本の深層』中央公論社

宮沢賢治（1986）「狼森と笊森、盗森」『宮沢賢治全集 8』ちくま文庫、29－39頁
奥野克巳（2020）『モノも石も死者も生きている世界の民から人類学者が教わったこと』亜紀書房
奥野克巳（2021）「マンガとマルチスピーシーズのハイブリッド―より闊達な人類学のために」奥野克巳・シンジルト編『マンガ版 マルチスピーシーズ人類学』以文社、2－35頁
レーン・ウィラースレフ（2018）『ソウル・ハンターズ―シベリア・ユカギールのアニミズムの人類学』奥野克巳・近藤祉秋・古川不可知共訳、亜紀書房

第12章

共同性と救済

——石牟礼道子『苦海浄土』から

前田雅彦

本章では、前章で千葉が展開した互酬的共同性をめぐる議論について、1950年代に深刻な公害被害が表面化した水俣病の事例をもとに、応答する考察を加えてみたいと思います。それにより第11章のインドの宗教思想にもとづく議論に対して、個の視点から接近する見方を提示し、議論の意味や可能性をより深く理解するとともに、共同性やレジリエンスをめぐる思考の地平を広げることができると考えます。

1 「癒しの連鎖」による救済

第11章「カーヤヴェ・カイラーサ」では、12世紀インドの宗教改革運動に言及しながら、人々が他者に対して何かを与え、そうすることで個人は何か（極端な場合には身体の一部）を失い、そうしながらも、互いに与える連鎖の流れの中に入ることで救済がもたらされるという互酬的共同性をめぐる思想が考察されました。
前章の論考の前段階として千葉が執筆したエッセイでは、互酬的共同性は「癒しの連鎖」という言葉で表現されています（千葉　２０２１）。

バサワンナは、貧困や身障、そして抑圧・差別（カーストなど）に曝されている人々、孤児など親の庇護の欠落、何らかの欠乏・欠損状態にある社会的弱者に、信仰対称としてのシヴァ神を見る。そのシヴァ神が住む「人の森」の持続可能性を担っているのは、誰かを救い傷ついた者たちの「癒しの連鎖」の流れ。傷ついた弱者を蘇生するためのいたわりや分配・贈与の流れであり、その網の目への参加に他ならない。［…］

「森」は、信仰を介した倫理性の流れの中になければならない。「森」をケアすることによって、私達は「森」と一つになる。その連鎖・流動性を理念とする共生的社会システムへの神秘主義的合一。（千葉　２０２１：13－14頁）

ここで千葉が12世紀南インドの宗教改革者、バサワンナの詩の中から取り出し論じているのは、「誰かを救い傷ついた者たち」は、その当の者たちによって織りなされる「癒しの連鎖」の網の目の中に入ることで、相互に「癒すことによって癒され、救済することによって救済される」という関係です。

このような議論に触れたとき、筆者の頭に連想され、浮かんだ光景が、詩人で作家である石牟礼道子が水俣病の患者の運命と、患者を取り巻く人々や風土を描いた『苦海浄土』の内容でした。水俣病は1950年代に深刻な公害被害が表面化し、その中で著者の石牟礼は患者の声を文学表現として世に問いました。以下では水俣病という公害事件の中心に存在した『苦海浄土』という著作を素材とし、なぜ「癒しの連鎖」の中に入ることが個人の救済となるのかという点について考察を行いたいと思います。

2 水俣病事件と『苦海浄土』

筆者は水俣病の公式確認（1956年）から27年後の1983年に日本の本州で生まれ育ちましたが、日本の高度成長期に発生した水俣病という公害事件については、戦後日本の四大公害のひとつとしてわずかに教科書を介して教えられたのみでした。問題はすでに解決されたものと思い込んでいましたが、数年前（2019年）初めて水俣の地を訪れたとき、そこには依然として原因企業のチッソ株式会社（現JNC株式会社、以下チッソ）が存在し、今も被害者たちが存命であるということを知り、今なお地元では水俣病に対する見方が様々な立場によって異なること、それが過去の問題になっていないことを知りました。

水俣病は1950年代から深刻な被害が表面化した、チッソによる熊本県水俣市周辺の不知火海の水質汚染を原因とする公害事件です。チッソ水俣工場では、アセトアルデヒドを作る工程で副産物として生成したメチル水銀をそのまま海中に放出し、その水銀が海中の生物に吸収され生物濃縮によって陸上の動物や人間に到達して人間の神経系を冒し、最悪の場合死に至らしめるという被害を引き起こしました。水俣病の症状では、四肢末端優位の感覚障害（手足のしびれ）、求心性視野狭窄（視野全体がせまくなる）、運動失調、構音障害（うまく話せない）などを含めた多彩な症状がありますが（高峰 2016）、それ以外に、母親の胎内でメチル水銀が胎盤を通って吸収された胎児性患者も発生しました。胎児性患者の場合、生まれてから言葉を発することができない人もおり、ベッドに寝たまま亡くなっていく患者もありました。一度水銀によって破壊された神経は元に戻らず、行政により水俣病患者と認定されれば年金や医療費などの経済的補償を得ることができるものの、失われた生命や健康な身体が戻ることはないことを考えると、患者に真の意味での救済があるのだろうかと考えさせられます。

水俣病事件という出来事は、このように水俣に住む人々に甚大な被害をもたらしましたが、その中で患者の中には、自らの被った被害を受け止め、経験の意味を深めることで独自の思想に到達する人々が現れました。チッソに対して第三者の介入に頼らず自主交渉を挑んだ川本輝夫、水俣病を「のさり（天からの授かりもの）」と捉えるに至った杉本栄子、裁判で訴えていたチッソと共通する要素を、自分自身の中にもあるものとして「チッソは私であった」と述べ別次元の闘いへ移行していった緒方正人らが著名ですが、他にも多くの患者たちから人間の生をめぐる深い洞察が生み出されました。石牟礼は水俣病市民会議のメンバーとして、このような人々と行動を共にするとともに、創作活動を通じて知り合っていた渡辺京二らが熊本市内で立ち上げた「水俣病を告発する会」の活動を通して患者救済の運動にかかわり、患者たちの証言や闘争の過程に表れる思想を『苦海浄土』に綴り世に問いました。

『苦海浄土』にみられる共同性

『苦海浄土』は、全三部（著者の構想では全四部）によって成り立っており、そのうち第一部は1969年に単行本として刊行されました。第一部は患者の生活と水俣病による苦しみを克明に描き、読んでいると描かれる患者一人一人の被害は取り返しがつかず、亡くなった患者や生涯言葉を喋ることのできない患者に救いなどあるだろうかという気持ちになるのですが、不思議なことにそのような出口のない被害が、他の苦しみと繋がるように他の患者や家族の境遇とともに言葉によって綴られ、まるで同じ海に浸されるようにとりまとめられることで、かろうじてそこに救いが与えられているような感覚をおぼえます。

このように『苦海浄土』において苦しむ人々が共に一つの場所にあることで生じる救いの印象、作品の中で患者たちの間に一つの共同性が生まれることで救済がもたらされるという印象は、作者であり水俣病闘争の当事者でもあった石牟礼による文学表現上の創作によって生まれたものだったのでしょうか。あるいはそれにとどまらない、作品の主題であった水俣病闘争自体に含まれていたものだったのでしょうか。以下では石牟礼の思想的来歴と、水俣病患者救済のための闘争とのかかわりに触れながら、この点について考えてみます。

3　石牟礼道子と水俣病闘争の共同性

石牟礼の思想的同伴者であり、「告発する会」を組織して水俣病の患者支援運動に参加した渡辺京二は、「水俣病闘争」はある種の理想的な共同性を追求する運動でもあったと述べています（渡辺 2017）。またドイツ文学者の臼井隆一郎は『「苦海浄土」論』の中で、現在の父権制社会以前の母権制社会では「同態復讐」が問題となるとき、その根源にあるのは損傷を受けた個人の回復ではなく、損傷を受けた共同体秩序（人間と生類と風土の総体）の回復であることを強調し、『苦海浄土』に描かれた水俣病闘争においても、そのような点が主題となっていることを指摘しています（臼井 2014）。このような指摘を踏まえると、前節で述べた『苦海浄土』に描かれる「共同性」は、文学表現上の方法にとどまらない、実際の水俣病患者を救済するための運動の核にあった思想だと考えられます。本節では石牟礼による共同性への志向がどのような背景から生まれたのかを論じ、その志向と水俣病闘争とのかかわりの中で生まれた、石牟礼独自の共同体観に注目していきます。

石牟礼と共同性への問い

石牟礼は1927年に天草に生まれ、生後すぐに不知火海を隔てた対岸の水俣へ家族で移住しました。実務学校を卒業した後代用教員となり、20歳で父親の決めた相手の元へ嫁ぎ、主婦となります。当時女性は嫁に行った先では自分が食べる暇もなく働かなければならず、字を書いたり読んだりすることもできなかったと彼女は語っています（石牟礼 2005）。

石牟礼は結婚の翌年長男を出産し、その長男が肺結核にかかり入院した病院で、当時「奇病」と呼ばれていた水俣病患者の存在を知ります。水俣病を記録する活動に入っていくなか、石牟礼は水俣市の図書館「淇水文庫」で女性史研究家の高群逸枝による『女性の歴史』と出会い、その本を読む中で、彼女は祖母や母をはじめ前近代を生きてきた女たちが、どんな歴史的背景や思想によって差別され虐げられてきたのか、それまで足かせのように自分を動けなくしていたものはなんだったのかを捉え直します。

日本の女性解放運動の場合、高群逸枝や平塚らいてう、そしてその影響を受けた石牟礼も、女性が解き放たれる場所を、欧米女性たちのように近代的自我に求めるのではなく、古代そうであったように母なる自然界の中にあることに着目した点が特徴的だったと近世文学研究者の田中優子は指摘しています（田中 2020）。石牟礼は高群のいう「自分の内側に流れる天然の生命律」の原点を高群の故郷に見出し、詩人の谷川雁らによる「サークル村」の活動に参加する中で、日本の女を縛るだけだと思っていた共同体としての村についての見方を変えるようになり、その村が近代化の中で失ったものを、記憶の内部に持ちこたえます。

その中で石牟礼自身が目指したのは、それまで女性を縛ってきた既存の血縁・地縁共同体とは異なる新しい共同性でした。そのような共同性とは「万物が呼吸しあっている世界」であり（田中 2020）、そこでは男女に限らず、動物や植物も等しく生を謳歌でき、またそのような共同性は、石牟礼にとって実現不可能な理想世界ではありませんでした。それはチッソの東京丸の内本社での水俣病患者と交渉の際に実現したものであり、またその経験から着想を得て書かれた、天草のキリスト者の信仰と幕府による弾圧に対する戦いを描いた作品『春の城』にも描かれる世界でした（田中 2020）。

「道行き」の共同性

このような石牟礼の求める理想的な共同性を象徴的に表現するのが、「道行き」という言葉です。石牟礼は、政治思想史研究者の岩岡中正との対談で、水俣病闘争のチッソとの東京交渉にも言及しながら、以下のように語っています。

それで、「連帯」も悪い言葉ではありません。「団結」も悪い言葉ではありませんが、「連帯」や「団結」だけでは、何か固い縄のようなものでお互いを縛っている気がして、もうちょっと何か、心の隅々まで、あるいは肉体の隅々まで、あったかくあたため合うような、死んだ先までも、あの世に行ってからも忘れがたいような絆がないと、あんな一二月の北風のびゅうびゅう吹く東京のど真ん中で座れたものではありません。

その絆のことを、わたしは「道行き」と自分に言いきかせました。（岩岡 2016：89頁）

石牟礼の求める共同性とは、1970年前後の学生運動や労働運動等で使われた「連帯」や「団結」とは別のあり方であり、そのような道行きの共同性を石牟礼は水俣病闘争の中で「もうひとつのこの世」と呼び、それは患者である田上義春らによっても掲げられる言葉となり、水俣病闘争の中のひとつのテーマとなっていきます。

4 『苦海浄土』における共同性と救済

このように見てきたとき、第2節で述べた、筆者が『苦海浄土』に感じる共同性について、どのように考えることができるでしょうか。まず石牟礼が述べる「新たな共同性」が、石牟礼自身の生涯を通じて目指され、水俣病闘争においても実現された、あるいは実現を目指されたという意味で、単に文学表現にはとどまらない性質のものであったことがわかります。つまり『苦海浄土』にみられる共同性は、著者自身、また患者たちを含んだ水俣病闘争の実際の経験と深く結びついて生まれたものなのです。

ではこのような石牟礼の共同性に対する考え方を背景にして、改めてなぜ前章「カーヤヴェ・カイラーサ」で提示された「癒しの連鎖」の共同性に入ることが、その中の個人の救済につながるのでしょうか。『苦海浄土』においては、特に第三部で患者たちが支援者とともに被害救済を求めて原因企業のチッソや行政と対峙していくわけですが、犠牲者の被害が生者たちの行動によって埋め合わされ、その後の社会の中で意味づけられていくというよりは、取り戻しえない犠牲はそのままでありながら、ただ同じ苦しみを共にする他の患者たちとともに（そこには死者も含まれます）その姿が作品の中で見つめられることで、かろうじて患者の苦しみや死が救われているという印象を受けるのです。

『チェルノブイリの祈り』の語り

このような印象を考えるなかで、筆者の頭にはスベトラーナ・アレクシェービッチによる『チェルノブイリの祈り』が浮かびます。これはジャーナリストであるアレクシエービッチが、故郷ベラルーシを襲ったチェルノブイリ原発事故の影響について300人以上の聞き取りを通してその出来事を見つめたもので、水俣の主婦だった石牟礼が生活の中で水俣病の患者たちと遭遇したのと同様、チェルノブイリの事故もアレクシェービッチの暮らしの中で起こった出来事であり、取り返しえない環境汚染を伴う被害をもたらした出来事について複数人による語りを記録しているという点でも、著作には共通点があります。

とはいえ後者の場合、『苦海浄土』から感じた、共同性によって救済がもたらされるという印象は、あまり感じられないように思います。水俣病の場合には、身体症状等の被害には一定の結論が出ており、それが死者あるいは自身の言葉を語りえなくなった人々の口から（本人が語れない場合は石牟礼の独特な「聞き書き」による代弁として）[1]語られますが、『チェルノブイリの祈り』の場合、短時間に多量の放射線を浴びて亡くなった人の記述も登場しますが、多くは被害の証言をしている時点でなお原発事故と放射線による影響が進行しつつある、生者が自身を語る視点から描かれており、一つ一つはやはり証言者その人自身を語る言葉です。目に見えない放射能へ曝された現実に圧迫されるような苦しさはありますが、それぞれの語りは今なお未来へ向けて現在の時間を生きる一人一人のものであり、複数の語りによって一つの共同世界が作られる感覚は得にくいのです。

しかしその中でも、最後に「孤独な人間の声」として収録された、事故処理作業者の妻であるワレンチナ・チモフェエブナ・パナセビッチによる語りは、筆者が『苦海浄土』で感じたのと似た感覚を呼び起こしました。それは語りの中に、現実の時間を越える時間を感じる感覚です。ワレンチナ自身も原発事故の被害者であり、被害の渦中にいるはずですが、自身の苦しみについてより、事故処理作業により多量の放射線を浴び、その影響によって数年後に死亡した夫について多くを語っています。夫との出会いからの日々、病床で共にした最期の時間、そして語りの最後は自身の境遇に対する絶望ではなく、苦しみの意味を理解したいという、強い意思で結ばれるのです。

これから先、私、どんなふうに生きればいいのかしら？　あなたにまだぜんぶは話してません、おしまいまでは。幸せだったんです。とても。私の名前はいりませんよね。祈りはひそかに唱えるものです。ささやくように、心のなかで（沈黙）いいえ、名前をだしてください。神さまに名前をいってください。私は理解したい。なぜ私たちに苦しみが与えられるのか、理解したいのです。なんのための苦しみなんでしょう？（アレクシェービッチ　２０１１：２８６頁）

この語りは、聞き手であるアレクシェービッチに向けられたもののはずですが、全体として、現実の軛から離れたある種のやさしさのような雰囲気が漂っており、そのことで筆者は読んでいて救われる印象を受けます。それは現実に紐づけられていた時間が、そのような現実の外にあるものになり、無限の中にぽっかりと浮かんでいるような、言葉が目の前の聞き手より、無限に向かって独白のように語りかけられている感覚です。「私は、とても遠くをのぞき見てしまったんです。たぶん、死の向こう側を」。ワレンチナはこう述べますが、上のような独特な語りが可能となっているのは、おそらく彼女が「死の向こう側」を、個人の生の終わりとしての、死の先を見たからではないかと思うのです。そのような視点から愛した夫との過去の時間が語られるからこそ、無限の時の中にあるような、やさしさを感じる語りが可能となっているのではないでしょうか。

『苦海浄土』における風土の明るさ

『チェルノブイリの祈り』の中で筆者がこのような感覚を得たのは、最後におかれたワレンチナによる証言のみでしたが、『苦海浄土』においては、特に第一部全体を通して、いく人もの水俣病患者や患者家族らによる語りを含め、作品内の時間が現実の未来へと進む時間が止まったような、独特の雰囲気を感じます。

『苦海浄土』第一部の患者と患者家族らによる語りの中でも、第三章「ゆき女聞き書き」と第四章「天の魚」はその分量と内容からいって、第一部の患者と患者家族による語りの中心を成しています。第四章「天の魚」で水俣病を病む孫の杢太郎について語る江津野老人の語りは、具体的な時間の中で目の前の聞き手である石牟礼に向かって語られるというより、ワレンチナの場合に似て、現実の時間の軛から離れた印象を与えます。3人の子をおいて家を出て行った杢太郎の母親について述べた後、老人は漁師である自身の海の上での生活を語ります。


するとと、そういう朝にかぎって、あの油凪《な》ぎに逢うとでござす。

不知火海のベタ凪ぎに、油を流したように凪ぎ渡って、そよりとも風の出ん。そういうときは帆をあげて、一渡りにはしり渡って戻るちゅうわけにゃいかん。さあ、そういうときが焼酎の飲みごろで。

いつ風が来ても上げられるように帆綱をゆるめておいて。

かかよい、飯《まま》炊け、おるが刺身とる。ちゅうわけで、かかは米とぐ海の水で。

沖のうつくしか潮で炊いた米の飯の、どげんうまかもんか、あねさんあんた食うたことのあるか

な。そりゃ、うもうござすばい、ほんのり色のついて。かすかな潮の風味のして。（石牟礼 2016：169頁）

ここで述べられる、大漁の後陸に帰ろうとするときの不知火海の情景は美しく、日常生活がそれ以上のものであるかのように、日常を超越した永遠性を見る思いがします。しかし不思議なのは、『チェルノブイリの祈り』のワレンチナの語りの場合、それが暗い無限の中で独白されている印象を受けるのに対し、第四章あるいは『苦海浄土』全編を通しても、どこか無限を垣間見る中に明るさの印象が感じられることです。その明るさを生み出しているのは、江津野老人が漁に出る水俣の海であり、そのような海を中心とする水俣の風土が、語りの周囲を光のように取り巻いています。

このような記述が可能となっているのはおそらく、渡辺京二が『苦海浄土』解説で指摘するように（渡辺 2004）、水俣で海を中心に生活を営む江津野老人や、第三章「ゆき女聞き書き」に登場する坂上ゆきとその「聞き手」である石牟礼が、同じ風土の共通世界（「近代以前の自然と意識が統一された世界」）を背景としてもっているからではないでしょうか。そしてその風土の時間は、直線的に未来へ進んでいく現実の時間を超越しており、人間の生死をも超えて存在するものと、認識されているように思われるのです。(2)

複数の語りによって生まれる孤独の共同性

筆者は、『苦海浄土』のなかの患者たちの共同性に注目すると述べましたが、江津野老人の暮らしは、取り返しえない水俣病の被害を被りながらも、特定の時間を超えた水俣の風土世界に包まれることで、個人の生を超えた域につながることができています。その中でどうして他者との共同性が必要なのでしょうか。それは、水俣病は海の魚たちや猫などの生物も被害者として含みながら、何より他の患者たちを含んだ、人間社会に端を発する出来事だからです。個々の患者、また患者家族の風土と共にある生だけでなく、出来事としての水俣病事件の総体がまなざされなければ、そうしなければ個々の患者にとっても、水俣病からの本当の救いはないと思うのです。だからこそ、第三部「天の魚」では、東京で自主交渉を行う川本輝夫ら患者たちの闘争の姿が、中心に描かれるのではないでしょうか。

では『苦海浄土』において、どのようにして共同性の感覚は生まれるのでしょうか。それは、描かれる患者あるいは患者家族の一人一人が、本質的に孤独だからです。先ほどの石牟礼による道行きに関する語りの、続きの箇所を引用します。

　たとえば心中するときの、二人であの世に行く姿を「道行き」というのですが、お芝居で見せたりしますよね。これを私は道行きの旅だと思い聞かせました。しかしその時は、何かもの寂しいのですけども、道行きをする同行する自分というのは、徹底的に孤立してるわけなんです。一人ででもあの世に行かなければならないと思い合っている者同士が、そこに絆を結ぶ。それは普通の感情ではない。孤立の果てにふっと目を上げると、そこに同じような境涯の人がいる。この人たちと一緒に行きましょうか。というようなきもちなのですよね。（岩岡　２０１６：89－90頁）

ここで石牟礼は、本質的に「孤立」した者同士にこそ、「道行き」の絆が生まれると述べています。そしてその孤立あるいは孤独は、ワレンチナや江津野老人のように、一人一人が死を見据えることからやってくるのではないでしょうか。このような道行きの共同性が、『苦海浄土』でも表現されていると筆者は考えます。患者家族が水俣病の孫の死を見つめるとき、家族は孤独を感じる。死に面している患者である孫は、そしてそれを見つめる家族は、その死を誰かに代わってもらうことはできない。そのような死を包む、無限に対して一人で向き合う孤独です。しかしそれぞれが孤立し、他者と絶対的に隔たっているからこそ、同様に孤独である者たちが、隣り合えばあたたかみを感じる。そこにこそ『苦海浄土』における共同性の生まれる淵源があるように思います。そもそも自らの孤独を見つめていない者は、そのようなあたたかみを感じることができないのです。

たとえば第三部第三章で描かれる、チッソ東京本社へ交渉に出向いた水俣病患者たちが皇居前広場で出会った、鳩を抱く浮浪者の青年は「完璧に、生きながらこの世と断絶し、ゆくところのない人間として、たったひとりで彼はそこにいる」と語られ、そのような孤独を体現する存在として描かれています。一段落おいた一節を続けて引用します。

彼と、水俣からやってきたものたちの距離は至近にあるごとくして、なおかつ彼岸の彼方とこちらにあった。彼は、わたくしたちのそのような気配に、ぜんぜん気がついていなかった。水俣のものたちが深々とのぞきこんでいる心の底の破魔鏡に、彼と鳩たちがぽっかりとあらわれて、そこに写っている顔は、どこかで逢った自分の顔のように気にかかることはたしかだった。(石牟礼 2016:799頁)

ここで水俣の患者たちは、浮浪者の青年が抱いていた孤独に、自身の孤独を通して繋がっています。そしてそのようなあり方は、著者の石牟礼自身によっても共有されているものでした。(3) 石牟礼自身も生きながら死者たちと同じ場所に赴き、そこから『苦海浄土』を書いています。

世界そのものとしてのまなざし

このような孤独は、隣り合って並べられることで、そこに相互が属する共通の地平、世界が存在していることを感じさせます。(4) そうして複数の無限に浮かぶそれぞれの孤独が描かれることは、その全体を統一して見つめるような、まなざしの存在を感じさせます。それはしかし、一神教の超越神のように世界そのものから分離した存在ではなく、すべてを包み込み、波打ち廻り巡る、世界そのものと同一であるようなまなざしです。(5)

このような世界の「海」に浸され、抱かれることで、患者たちの死や苦しみが打ち棄てられず、何者かに受け止められている、そうしてそのことが『苦海浄土』に救いの感覚をもたらしていると筆者は考えます。そのようなまなざしが、世界そのものと別のものではなく、さらに孤独な複数の存在たちの共同性によってその世界が生じているのだとしたら、まなざしは、共同性そのものによってもたらされているといえないでしょうか。

ではなぜ共同性はまなざしを感じさせるのでしょうか。それは、そこに個人が死に向かう中で孤独に対峙するのとは別の無限性を、生じさせるからではないかと筆者は考えています。それは例えば以下で石牟礼が描いているような、外へ拡大する無限ではなく、風土の内側を絶えず還流し、遠い過去に繋がるような無限です。

そのときわたしは岩の上に乗り、はだしだった。
潮のしぶきをかすかに含んで流れる風を嗅いで、岩の上から上へと飛ぶと、不知火の冬の風はまろやかな泡のように、髪の地肌のあいだを通りぬけた。
そのようなときもっともつよく海は匂う。それはたぶん、生まれるずっとずっと前から知っていた妣《はは》たち、あの祖《おや》たちの膚の匂い、生活の匂いである。たしかにここには、太古からの風が湧いていた。（石牟礼 2016：326頁）

＊

本章では第11章「カーヤヴェ・カイラーサ」とは異なる地点から出発して、しかし共同性と救済を巡り、傷ついたものたちの互酬的共同性によって救済がもたらされるという前者における論理と、同じ地点に到達したように思います。とはいえ前者の場合、孤独から共同性に至る道筋は示されていませんでした。死を通して垣間見る無限と対峙することによる個人の孤独が、制度や形式によらない、いわば存在することそのものによる共同性、救済の可能性をもつ共同性へと通じることは、人間のもつ有限性を積極的な力へ変えるという意味で、レジリエンスをもつということができるのではないでしょうか。

このような個人の精神のあり方を根底的に問うことによる共同性は、水俣病の場合のように、形式や制度に基づく既存の地域社会の秩序では解決しえない出来事が起こったとき、そこから溲れ出る人々の拠り所となり、また人間の基本的な条件に拠っているという意味では普遍的で、水俣以外の地域で暮らす人々にとっても、重要な意味をもつと筆者は考えます。

注

（1）「患者の言い表していない思いを言葉として書く」（渡辺 2004：371頁）石牟礼の「聞き書き」の手法については、『苦海浄土』の渡辺京二による解説が詳しい。

（2）他方、第三部「天の魚」に収められたチッソ附属病院院長、細川一医師が亡くなっていく際の語りには、このような風土からくる明るさは感じられず、それは細川医師が水俣の中で近代を体現するチッソ附属病院の院長として、石牟礼や水俣の人々と「共通世界」をもたない存在だからだと考えられます。このように『苦海浄土』には、水俣の風土の共通世界をもつ人々だけでなく、それ以外の人々の存在も描かれています。

（3）「死にぎわについて語りうるのは死者しかなく、生について語りうるのもまた、まっとうしえなかった生の経験をもつ死者である。／このものたちが見つづけているであろう生へのまぼろしを、わたくしもみようとする。／それは、死者たちへの越権行為である。」（石牟礼　1973：266頁）

（4）孤独であることによる共同性と、水俣の風土性との関連については、厳密な検討は今後の課題としたいと思います。

（5）その「海」は、『苦海浄土』に描かれる人物たち、またそれ以前に生きた人間たちも浸かっている、そのような場所だと考えられます。それは社会学者の見田宗介が述べる「ザマニ」と同種の存在かもしれません。「古代の王朝的秩序の成立のさらに以前の、文明の原初の時間の観念はどのようなものであったか。ケニアのカムバ族のムビティ（Mbiti）は、近代人の時間の観念と対比した部族社会の時間の観念についてこう語っている。近代人は〈未来〉を見て生きるが、アフリカ人は〈ザマニ〉を見て生きる。〈ザマニ〉とは、近代人の時間の観念であえて説明しようとするなら、はるかな過去であり、また未来であり、現在でもある。すべての存在がそこに由来しそこに還ってゆくような〈時間の大洋（Ocean of time）〉である、と」（見田　2011：52－53頁）。

参考文献

スベトラーナ・アレクシェービッチ（2011）『チェルノブイリの祈り』岩波現代文庫
千葉一（2021）「森への信愛、あるいは鳥について」『森とレジリエンス―地域の再生を思考し創り出すための、異なる音の交差』Resilience Initiative 発行、13－16頁
石牟礼道子（1973）「もうひとつのこの世へ」『流民の都』大和書房

石牟礼道子（２０１６）『苦海浄土　全三部』藤原書店
石牟礼道子（２００５）「「わが戦後」を語る」『石牟礼道子全集　不知火』八巻、藤原書店
岩岡中正（２０１６）『魂の道行き　石牟礼道子から始まる新しい近代』弦書房
高峰武（２０１６）『水俣病を知っていますか』岩波書店
田中優子（２０２０）『苦海・浄土・日本』集英社
見田宗介（２０１１）「時の水平線。あるいは豊饒なる静止」『定本　見田宗介著作集Ⅱ』岩波書店
臼井隆一郎（２０１４）『「苦海浄土」論　同態復讐法の彼方』藤原書店
渡辺京二（２００４）「解説　石牟礼道子の世界」石牟礼道子『苦海浄土』講談社、３６４‐３８６頁
渡辺京二（２０１７）『死民と日常』弦書房

COLUMN
コラム

〈6〉「道行き」へのオマージュ

千葉 一

第12章で示されるのは、病み、苦悩しつつ、一人であの世に行かなければならないという徹底的な孤立の覚悟。その苦悩が相互の共感となり、「道行き」という共同体を造り出しています。もしかしたら、その苦悩・受難とは、救済へと連なる「純粋な贈与」なのかもしれません。とすれば、その孤立は孤高にも等しいものです。その孤高に、救済のために総てを手放し「空」をまとうジャンガマ（シヴァではないが、シヴァでないとも言えない存在）を重ねることは間違いではないでしょう（第11章第2節の論考に関連して）。その「道行き」という「もうひとつのこの世」は、「シヴァ・ローカ（シヴァの世界）」または「カイラーサ山（シヴァの天国）」にも等しいものと思われます。きっとバサヴァンナは、その「道行き」を「この世につくられた永遠の世界」と呼ぶことでしょう。そこに流れる時間は、直線的というよりは還流にも近いものかもしれません。

すべてを包み込み、波打ち廻り巡る「苦海浄土」は、ジャンガマのように還流し、山と海との間を流れる「涸れない川」に等しいようにも思えます（第7章第2節の千葉の論考に関連して）。その共同と救済の水は、他者や他種に対して過剰となった専制的人間の生態に対する「若水」かもしれません。また、それはきっと、私たちの中にも流れる「天然の生命律」でしょうし、「万物が呼吸しあっている世界」である「多種類コミュニティ」で私たちに求められている理念であり、「実践の浄土」だとも思います。

おわりに

それぞれの分子が生き生きと、連続体を成すほうへ

清水美香

本書では、自然・人・社会の関係性の在りようについて、各章の執筆者が様々な視点からアプローチし、その関係性の細部、かつもの凄く深い部分に至るまでを描いています。歴史や文化をも取り込む自然・風景・地域・人の関係性の中で、多様な分子たちがうごめき相互に関係しあう過程を通して、私たちが今ここにいること、歴史があったこと、そして未来があることが、色濃く描かれています。自然・人・社会の中にあるそうした分子には、大小異なる、また見えるものも見えないものも含まれ、かつそのそれぞれの分子の「あいだ」に存在するものも包含されます。その分子たちには本来レジリエンスの種が存在しますが、それぞれの「関係性」の中でレジリエンスが育まれている、あるいは人間の行動が起因となり意図しないところでレジリエンスが弱められている、また壊されている様相も、本書の中で具体的に示されています。

全章を見通したとき、一見モザイク画のように見えつつも、グラデーションも織りなした絵を目の前にして、総序で立てた問い「関係性に様々な分断が見られる状況に対し、どのようにその関係性を見直し、その分断を修復し、その関係性を再構築することができるのか?」をあらためて振り返って

みたいと思います。

関係性の分断をどのように修復、再構築するのか？

本書では「関係性の分断」としては、気候変動、生物多様性、環境破壊、地域の過疎化などを背景に、東日本大震災、風力発電建設、水俣病といった具体的な事例が扱われています。その中に見え隠れする重要な点として、目に見える分断だけでなく、第4章で前田が表現するような「風景の切断」「時間の切断」といった、意図しない、また目に見えない分断も、自然・人・社会の関係性の分断の中に内包されています。そうした理解に基づいて、総序～第2章に示したレジリエンスの視点からこの問いへの応答の手がかりを他の章の中に探すと、異なる側面から執筆されたにもかかわらず、いくつもの共通の、または補完関係にあるメッセージが各章から浮かびあがってきます。ここでは次の5つの〈束〉（〈 〉内は総序～第2章で用いた言葉）を通して取り上げます。

(1)〈あいだ、境界領域〉

この言葉に関連するメッセージとして、第3章の吉岡は、「中間者」という言葉を用い、「人間の存在は、不安定で揺れ動くもの」とした上で、「正しき中間」を得るという課題は、「レジリエンスを希求し、育む主体である人間にとっては、所与（与えられたもの）ではなく、まさに求め続けるべき課題に相当する」と述べています。また少し観点は異なりますが、第7章の千葉は、「曖昧性」という言葉を用いて、物事の両義性、こうともいえるかもしれないし、こうでないかもしれないという視点、いわばコインの裏表の両方を見ることの大切さに触れています。

（2）〈目に見えるもの、見えないもの〉

第4章の廣瀬は、「見えているものと見えていないものがありながら、自分は風景を見ている、風景を見ることができていると思い込んでいないでしょうか」と私たちは自分の枠だけで見がちであることを私たちに喚起してくれています。また、異なる観点から、第6章の藤原は、レジリエンスは表には出ないけれども人の内にある「ネルゲイア」であり「支柱」であるといいます。

（3）〈自律的であり且つ他律的〉

第5章の前田は、社会の問題に関わる「主体の一人であるという認識」の大切さに触れ、第6章の藤原は、「自分を問い自分を生かす」といいます。さらに、第5章で前田は、「周囲への同調的雰囲気から離れ、一人で問題の本質と向き合い、普遍的な視点に立つこと」が、風景を介した自分自身の他者との記憶を通して可能になると示唆します。第7章の千葉は、自律を補完する他律の観点から「伝承や伝説には、人間の自律とは異なる生き方が秘められている」といいます。この言及は、桝蔵のいう、「日常を支えるレジリエンスを創造する祭事空間」（第8章）、および「イメージ」（第10章）、さらに第9章で廣瀬のいう「伝承知」にも通じるでしょう。この自律性と他律性については、次の多様性に関わってきます。

（4）〈多様性〉

前述に関連し、第7章の千葉は、「それは市場でも国家でもない領域で、人間以外と絡み合いながら山と海の間を流れる魂に配慮する生き方であり」、多様な動植物からなる「多種類コミュニティ」の中で支え合う、必要不可欠なコモンズとして生きることの大切さを説きます。他方、第3章の吉岡は、人間の環境への認識の多様性に言及し、「多様な認識の生まれる原因を明らかにすること」が環境問題に取り組む上で重要だと提起しています。こうした多様な認識を含めて、異なる人同士の認識や理解の違いを乗り越えていくためには、相手に向き合い相手の発する言葉の向こう側にも想像力をはたらかせるような能力、第11章の千葉の言葉を借りると、「多種多様な存在が同質の魂でつながっていると認知し、そしてつながることができる能力、関係しあい、対話し、共に生きることができる能力」が重要になります。

（5）〈協働、コミュニティ〉

（1）～（4）をふまえれば、分断を修復のほうに向けることは、どんな頭脳や能力の持ち主でも一人ではできず、共に苦しみを味わいながら汗をかきながら働く、つまり協働がそのために必要であることは確かです。これは、第9章で廣瀬のいう「伝承知と科学知を単身で身につけることは不可能」である点に通じます。その上で「地域共同体における協働の中では各々の不足を補い合い長所を生かし合うために協力すること」（第9章、廣瀬）が求められます。さらにその協働は、第12章の前田が向き合った「死を通して垣間見る無限と対峙することによる個人の孤独」に心を留めた、「制度や形式によらない、いわば存在することそのものによる共同性」にもつながっていきます。

それぞれの分子が生き生きと、連続体を成すほうへ

総序で立てた問いへまっすぐな応答をすることは難しいですが、このように、各章から引き出された共通の、または補完関係にある叙述またはメッセージは、今後私たち人間が、将来世代を見据えて自然と共に生存していく上で、またレジリエンスを育み、創り出していく上で重要な示唆を提供してくれます。

そうした方向に向かうためには、周囲の「性質や変化」（第4章、廣瀬）に配慮しながら、それぞれの分子が生き生きとすることを可能にするために、つまり人間社会と自然との間で生き生きとしたやり取り行われる「作用連関」（第3章、吉岡）が機能するように、私たち人間社会の在りようを振り返ることが求められます。言い換えれば、自然・人間・社会の相互の関係性が、本来は「連続体」「命が共生し絡み合う網の目」（第7章、千葉）であることを中心において、自然の中に内包されている人間社会の在りようを見直し、「呼吸しあっている世界」（第12章、前田）を創出していくことが、私たち一人一人に要求されます。

そうした振り返りや創出を可能にするためには、「状況変化を重視し、短・中・長期的な視点から社会に散在する点を線で結び、木を見て森も見ながら、予測しないことが起きても、逆境にあっても折れない環境を生み出す」という、人間社会側の行動が極めて重要になることは言うまでもありません。(1)~(5)に含まれるような要素やメッセージを具体化した環境を創り上げながら、よみがえる力を促し、あらゆる世代の人々が生き生きとして自然と共生する連続体を成すほうへ、向かいたいと思います。

謝辞

本書の土台になっている研究会「森とレジリエンス~地域の再生~」を支援してくださった公益財団法人 生存科学研究所、青木理事長をはじめ理事の皆様方に感謝申し上げます。私がまだ漠然と「森とレジリエンス」のイメージを抱いていた頃、東日本大震災後の岩沼市で開かれた森の防潮堤のイベントで、偶然お声をかけていただいたことを出発点に、数年のプロセスを経てこの本の制作に辿りつきました。その間で特筆すべきは、同研究所常務理事の藤原成一先生と出会いです。藤原先生は、どこからともなくやってきた私をニコニコと受け入れてくださり、私の「森とレジリエンス」への想いをそのまま丸ごと「聴いて」くださいました。藤原先生の「うつわ」の大きさに敬意を払うとともに、ここまで見守り支えてくださったことを心より感謝いたします。また本研究会を組織するにあたり、様々な専門・バックグラウンドにありながらも交差すると何かが生まれそうという私の直観から声をかけさせていただいた研究会メンバーの皆様、時には喧々諤々ながらも、お互いの専門や理解の違いを乗り越え、それぞれの自由なアイデアを愉快に交差させながら対話を重ねてくださり、本書完成までご尽力いただき心より御礼申し上げます。

さらに、いつも私が立ち寄らせていただいている日本の各地に散らばる地域の方々との出会いや交流がなければ、本書は生まれませんでした。お一人お一人の顔を思い浮かべながら、日頃の交わりへの感謝の気持ちとともに、本書をもってひとつの着地点としてご報告したいと思います。まだまだ日本地域レジリエンス創りはこれからも続きますが、今後ともどうぞよろしくお願いいたします。

著者紹介［執筆順］

清水美香（しみず みか）［総序・第１章・第２章・おわりに］
編著者紹介参照

吉岡崇仁（よしおか たかひと）［第３章・コラム１・コラム２］
京都大学フィールド科学教育研究センター 特任教授。京都大学名誉教授。名古屋大学大学院理学研究科博士課程満了、理学博士。専門は生物地球化学。

廣瀬俊介（ひろせ しゅんすけ）［第４章・第９章・コラム４・コラム５］
東京大学空間情報科学研究センター 協力研究員。東北芸術工科大学大学院元准教授。地理学、景観生態学に基づくランドスケープデザインを研究、実践。

前田雅彦（まえだ まさひこ）［第５章・第12章・コラム３］
ライター。"nashinoki" 名で鳥取のウェブマガジン・トット等に文章を執筆。大学・大学院で学んだ哲学・倫理学を背景に、他者・風景というテーマで、現在は熊本県水俣市をフィールドに研究。

藤原成一（ふじわら しげかず）［第６章］
生存科学研究所 常務理事。日本大学藝術学部元教授。表象文化・表現文化論、日本文化・文学研究を講述。著書に『「よりよい生存」ウェルビーイング入門』など多数。

千葉 一（ちば はじめ）［第７章・第11章・コラム６］
石巻専修大学人間学部 非常勤講師。バンガロール大学大学院経済学修士。専門は宗教経済論、南アジア地域文化研究。東日本大震災後、諸地域の復興活動を支援。

桝蔵美智子（ますくら みちこ）［第８章・第10章］
立命館大学学生サポートルーム カウンセラー。ぽこあぽこ分析オフィス。臨床心理士、国際ユング派分析家。

「生存科学叢書」刊行にあたって

公益財団法人 生存科学研究所は故武見太郎の理念である「生存の理法」をモットーとして、人類の生存の形態ならびに機能に関する総合的実践的研究によって人類の健康と福祉に寄与すべく設立されました。そこでは、生命科学、医学・医療、看護学など医科学、哲学、倫理学、宗教学、史学、文学、芸術など人文学、法学、社会学、経済学など社会科学、生態学、環境科学など自然科学、それら諸科学の学際的な討論によって人間科学を新たに構築し、総合的な生存モデルの確立を図ることを目的としています。

生存科学研究所はその先端的かつ基本的研究活動と成果を広く他学問領域と共有し、また一般社会にもその理念と活動を啓発すべく、学術機関誌「生存科学」を刊行してきました。多年にわたる研究成果と啓発活動により、日本学術会議協力学術研究団体に指定され、「生存科学」誌は時代と社会の課題を発掘、先導する学術誌として高い評価を得ています。本「生存科学叢書」は「生存科学」誌を中心に展開されてきた研究所の知的かつ実践的成果を広く社会に問いかけようとするものです。

人間、人類にとって望ましい生存様態をいかに構想し、実現していくか、人類の生存の場と質が根本から問い直されている現代にあって、生存科学は基礎人間科学として、時代の状況を切り拓く先端総合学として、ますますその理念の発揚が求められています。「生存科学」誌で研鑽され、蓄積された先鋭的問題意識と成果をベースに、本叢書は、さらに公益に資するべく視野を広げたテーマ、論考を地道にかつ実践的に問いかけていきます。今後引きつづき展開される総合人間学シリーズにご理解をいただくとともに、ご支援をお願いいたします。

2018 年 4 月

公益財団法人 生存科学研究所
〒 104-0061　東京都中央区銀座 4-5-1 聖書館ビル
http://seizon.umin.jp/index.html

編著者紹介

清水美香（しみず みか） ［総序・第１章・第2章・おわりに］

京都大学総合生存学館 特定准教授。専門はレジリエンス、社会システムデザイン。1999年にアメリカン大学院修士取得後、外務省の専門調査官として在米日本大使館に勤務。2001年から野村総合研究所アメリカで政策アナリスト。その間、2006年に大阪大学国際公共政策研究科で国際公共政策博士号を取得。2008年安倍フェローシップ賞受賞。米国East-West Center（東西センター）客員研究員、上智大学、慶応義塾大学大学院システムデザインマネジメント研究科非常勤講師を歴任、ストックホルム大学に招聘。帰国し、2013年より京都大学防災研究所社会防災研究部門防災公共政策研究分野特定助教、2015〜2019年に京都大学学際融合教育研究推進センター 特定准教授。2020年より現職。著書に『協働知創造のレジリエンス』（京都大学学術出版会：単著、2015年）、Nexus of Resilience and Public Policy in a Modern Risk Society（Springer：共著、2019年）、A Resilience Approach to Acceleration for Sustainable Development Goals（Springer：主編著、2022年）などがある。

生存科学叢書

レジリエンス―よみがえる力《ちから》― 森《もり》・風景《ふうけい》・地域《ちいき》・人《ひと》の交差《こうさ》の中《なか》で

2023年３月30日 第１版第１刷発行

編著者――――――清水美香

発行所――――――株式会社日本評論社

〒170-8474 東京都豊島区南大塚3-12-4

電話 03-3987-8621（販売）-8601（編集）

https://www.nippyo.co.jp/

振替 00100-3-16

印刷所――――――平文社

製本所――――――井上製本所

装 幀――――――銀山宏子

ISBN978-4-535-58782-3 Printed in Japan